Louise Coutreau

Titre complémentaire :
– *Les Prières de l'Empereur Jaune*, Amaya Chu Shen.

Catalogage avant publication de Bibliothèque et Archives nationales du Québec et Bibliothèque et Archives Canada
Titre: Nous sommes les protégés du grand pharaon / Michelle Parent-Gagné.
Noms: Parent-Gagné, Michelle, 1960- auteur.
Identifiants: Canadiana 20250048973 | ISBN 9782892394566 (couverture souple)
Vedettes-matière: RVM: Parent-Gagné, Michelle, 1960- | RVM: Femmes médiums—Canada—Biographies. | RVM: Médiums—Canada—Biographies. | RVM: Âme—Ascension. | RVM: Maîtres (Occultisme) | RVM: Vie spirituelle. | RVMGF: Autobiographies.
Classification: LCC BF1283.P36 A3 2025 | CDD 133.9/1092—dc23

ISBN : 978-1-913191-64-1
Dépôt légal : 4e trimestre 2025
Bibliothèque et Archives nationales du Québec
Bibliothèque et Archives Canada

Illustration de couverture : Kathleen Gallant, artiste peintre intuitive

Louise Courteau Inc.
410, St-Nicolas, suite 236
Montréal, Québec, H2Y 2P5, Canada
louise.courteau.inc@pm.me
www.louisecourteau.com

© Louise Courteau Inc.
Tous droits réservés. Reproduction interdite, même partielle.

Michelle Parent-Gagné

NOUS SOMMES LES PROTÉGÉS DU GRAND PHARAON

Louise Courteau

Avant-propos

En raison de ma culture, de mes programmations et de ma loyauté aux traditions, j'ai rejeté dès l'enfance mes dons (médiumnité), mes visions et mes contacts avec des êtres n'ayant pas de *corps physique* tel que le nôtre. J'ai tenté de saboter ces cadeaux, me sentant seule, isolée et sans l'ouverture d'esprit pour comprendre les évènements féeriques, mystiques, mystérieux et spirituels se manifestant dans ma vie. Tout ce que je voulais était vivre une vie « normale », loin de ces aventures hors de l'ordinaire. Mon caractère rebelle était toujours en conflit avec ma réalité intérieure. Toutefois, le jour arriva où les épreuves et les deuils ne me laissèrent d'autre choix que d'ouvrir mon cœur.

À 27 ans, tandis que je faisais face à la mort, un grand guerrier d'un autre monde apparut dans ma chambre d'hôpital pour me transmettre un message particulier : j'avais le choix entre continuer ma mission ou quitter ce monde. À partir de ce jour, je compris que ces êtres venant me visiter étaient des membres de ma famille céleste, que nous avons tous une famille terrestre et une famille céleste qui ne nous oublie jamais, en guidant nos pas sur notre chemin. Aujourd'hui, je sais que nous ne sommes jamais seuls, car nous avons des guides et des protecteurs qui veillent sur chacun de nous, dont l'un d'entre eux est le grand Pharaon.

Prologue

16 juillet 2011 – De quelle planète ?
C'est la deuxième rencontre avec le recherchiste et ufologue. Grâce à une régression, il tente de découvrir plus d'information au sujet des êtres bleus que j'ai rencontrés lorsque j'avais 7 ans. Claude, mon mari, m'accompagne. En confiance, je me laisse détendre par la voix de l'ufologue. Tout à coup, une présence imposante se fait ressentir dans mon champ de vision mentale. Elle désire parler avec mon interlocuteur, ce qui change le plan : oubliés, les merveilleux êtres bleus...

Cette présence, qui a une physionomie masculine, me transmet télépathiquement des informations. Il veut que je répète à l'ufologue seulement quelques bribes de notre communication, ce qui me met mal à l'aise, mais il ne me laisse pas le choix. Il ajoute que le temps viendra où je pourrai – et même devrai – dévoiler plus d'informations. Alors je me soumets et partage à l'ufologue uniquement ce qu'il peut entendre.

Je commence par décrire le visiteur :

– Il y a, avec moi, un grand combattant. Il a peu de temps, car sa flotte de vaisseaux l'attend.

L'ufologue pose des questions pour l'apparition :

– Quelle est ta mission ?

– **Aider les humains. Et protéger Michelle.**

– Donne-moi plus de détails. Pourquoi aides-tu les humains ?

Le grand guerrier répond :

– Parce que *nous* les aimons.

– D'où viens-tu ?

J'ai une vision : le commandant se tient debout, dos à moi. Ses vêtements ne sont pas conventionnels, faits d'un tissu léger aux motifs d'écailles de poisson. Il porte un genre de couvre-tête qui descend derrière son cou, couleur bronze. Il mesure facilement 11 ou 12 pieds, soit entre 3 m 35 et 3 m 60. Bref, il est gigantesque. Il allonge le bras droit vers le haut. Je remarque à son poignet un objet qu'il regarde lorsqu'il « ajuste son répertoire de communication », installé par-dessus son gant, telle une montre. Il lève le bras en haut de sa tête et exécute des mouvements circulaires de gauche à droite.

Après chacun, des pages transparentes s'empilent comme de grandes cartes d'étoiles. Il arrête ses mouvements et pointe vers le haut. J'observe des formes et des points lumineux de diverses grosseurs et couleurs. Je ressens qu'il réfléchit aux mots exacts de notre langue pour la compréhension de l'ufologue, avant de déclarer de sa voix puissante :

– Lyrka, Vega, en haut à gauche. Là. Je viens.

Je distingue un point jaune et bleu scintillant à l'endroit précis où le commandant dit être originaire. Je garde précieusement dans ma mémoire toutes les informations qu'il m'a transmises. Je ne comprends pas la signification de la plupart, mais je ressens qu'ils sont très importants pour nous tous. Puis l'être majestueux disparaît. J'ouvre lentement les yeux.

Rien ne fait sens. Je tente de poser quelques questions à l'ufologue, mais il est peu enclin à répondre, comme si la visite imprévue du guerrier l'avait dérangé. Même si je n'ai pas revu les êtres bleus de mon enfance, je pressens une connexion, un lien : ce grand commandant est-il mon protecteur, celui qui m'a soutenue depuis toujours, même lorsqu'il ne me restait que deux mois à vivre ? Je garde secrètement mon ressenti.

L'ufologue m'explique qu'étant donné que Vega est dans la constellation de la Lyre, il présume que *Lyre* est le nom qui m'a été communiqué, et non *Lyrka*. Je ne connais ni l'un ni l'autre. Selon lui, le commandant et sa flotte viennent de la Lyre, dans un système qu'il imagine planétaire sous le soleil de Vega, située à 25 années-lumière.

***

Ce que nous ignorons encore lors de cette rencontre du 16 juillet 2011, c'est que le 8 mars 2022, soit onze ans plus tard, Spencer Hurt, de l'université de Colorado Boulder, et son équipe pensent avoir découvert la première planète en orbite autour de Véga. S. Hurt ne cache pas son enthousiasme quant à en découvrir d'autres, car « c'est un système massif, beaucoup plus grand que notre propre système solaire. Il pourrait y avoir d'autres planètes dans ce système. C'est juste une question de savoir si nous pourrons les détecter. »

Rêve de guerrier

Je me pose deux questions :

1. Pourquoi ne pouvais-je pas tout dire à l'ufologue lors de cette rencontre ?

2. Quel est le lien entre ce grand guerrier et moi ?

L'horloge indique 3:33 ; je suis réveillée en sueur et frissonnante par un songe qui répond à mes questions :

1. L'ufologue ne doit pas entendre l'ensemble, car ce n'est pas lui qui doit m'accompagner sur ce chemin. L'apprendre me libère d'un poids vis-à-vis de lui.

2. Je ne suis pas la seule que ce grand guerrier vient aider sur terre. Il a la capacité de guérir les parties de l'être humain portant les mémoires des blessures de ses vies antérieures.

J'apprends également que circule en lui l'énergie de la lignée des grands guerriers d'Uriel,[1] dont il est sous les ordres. Commandant d'une flotte de vaisseaux, lui et son équipage ont des missions extraordinaires entre les mondes et dans les multiples univers, dont suivre leurs protégés. Et l'une des tâches de ce grand guerrier est de me protéger et de m'aider à accomplir ma mission, dont l'écriture de ce livre fait partie, spécialement pour contribuer à l'éveil des dons et des connaissances.

Vendredi 1er août 2025
En recherchant ce qui existe à proximité de Vega, « en haut à gauche », je suis submergée ce jour-là par une joie indicible lorsque je découvre la présence d'une étoile à gauche de Vega, dont le nom est Deneb, située à environ 1 500 années-lumière d'ici, et l'étoile la plus brillante de la constellation du Cygne. Serait-elle le lieu d'origine du grand guerrier ?

---

1. Uriel ou Ouriel est le nom d'un archange de la tradition chrétienne et juive. Présent dans plusieurs traditions pseudépigraphiques ou apocryphes, il est considéré comme le quatrième archange et vénéré comme saint par plusieurs courants chrétiens comme l'Église anglicane, ou l'Église copte, éthiopienne et érythréenne. Il est révéré par l'Église orthodoxe, comme l'un des sept archanges majeurs et figure en haute place dans les hiérarchies angélologiques de l'ésotérisme chrétien européen, médiéval et moderne. (Wikipedia)

Chapitre 1
Arrivée sur la Terre

Dimanche 25 décembre 1960 – Il est né le divin enfant...
Selon ma jeune mère, alors âgée de 18 ans, il est 14 h 00 lorsque commencent les contractions. Seule dans sa chambre d'hôpital, elle caresse son ventre avec tendresse entre les douleurs. Maman me parle doucement en attendant mon arrivée.

Elle ne m'a pas encore dit que mon prénom est destiné à un petit garçon, car l'aîné doit être un fils. Cependant, mes parents m'aiment, ce que j'entends quand leurs voix résonnent dans les profondeurs de mon univers marin. Ils annoncent que, dans quelques jours, ce 28 décembre 1960, ils fêteront leur premier anniversaire de mariage et, avec fierté, poseront le regard sur leur premier-né.

J'ai l'impression de me souvenir précisément de ce qui passe ensuite, même si cela paraît impossible. Maman me murmure : « Ne t'inquiète pas, mon bébé, je suis là. » Puis la panique monte en elle. J'ai peur. Maman ! Où es-tu ? Je n'entends plus ta voix ! Je ne ressens plus la chaleur de tes mains me caressant à travers ton ventre... J'ai très froid. L'énergie change, les couleurs et les sons changent. Les odeurs sont insupportables. J'étouffe ! Je ne peux plus bouger. On me tire par la tête, cela fait mal. Mon oreille gauche est tellement douloureuse...

Une lumière intense m'aveugle. J'entrevois de grandes personnes habillées de blanc. Toutes portent des masques. J'entends une voix sévère : « C'est une fille. » En moi, c'est la consternation : « Non, non, je ne peux pas être une fille, je dois être un garçon ! »

On m'enroule serrée dans une couverture blanche et rose. Je ne peux plus bouger. J'ai de la difficulté à respirer, emprisonnée. J'ai mal partout. Je hurle et pleure, j'ai très peur. Personne ne me console. Je ne ressens plus ma maman. Suis-je seule au monde ? Pourquoi ai-je choisi de revenir ici-bas ? Je suis épuisée. Mes yeux se ferment.

Grande épreuve pour celle qui m'a donné la vie, car l'accouchement fut long et difficile : le médecin choisit d'endormir maman, puis utilisa le forceps pour me faire sortir à 22 h 35 de mon petit paradis vers ce monde froid et hostile.

Lundi 26 décembre 1960 – Terre des hommes
Je survis à cette première nuit. Une immense joie monte en moi : serais-je dans les bras de maman ? Oui ! Je reconnais sa douce voix qui me murmure à l'oreille. Enfin, elle me libère de cette misérable couverture et me contemple avec ses jolis yeux verts, je revois la lumière de mon paradis.

Elle caresse délicatement mon visage et regarde mon oreille gauche, qui est tordue à l'extrémité extérieure. Elle touche mes petites mains, compte les doigts et les orteils de mes pieds. Tout est là ! Hélas, elle ne me trouve pas belle. Ma figure est enflée et plissée. Elle me chuchote : « Je t'aime pareil, même si tu es laide et que tu es une fille. »

Elle voulait lui offrir le parfait cadeau de Noël : un bébé garçon.

À cette époque, les hommes ne peuvent voir leur femme ou leur nouveau-né avant les heures de visite, ni assister à l'accouchement. Puisque les ultrasons n'existent pas, il n'y a aucun moyen de connaître le sexe de l'enfant avant sa naissance. N'ayant pas accès au téléphone, imaginez le sentiment d'isolement qu'éprouve ma mère en ne pouvant partager de vive voix l'arrivée de son bébé avec l'homme de sa vie.

Elle s'inquiète qu'il ne m'aime pas, moi, née fille et portant la laideur du traumatisme de cette difficile naissance, lui, mon père, l'aîné d'une famille de huit enfants. Ses ancêtres paternels sont de descendance française et autochtone provenant de la tribu des Micmacs de la réserve de la Ristigouche située en bordure des frontières du Québec et du Nouveau-Brunswick. Son arrière-grand-père, un jeune guerrier de la tribu des Mohawks de la réserve indienne de Kahnawake en Montérégie au Québec, combattit auprès des francophones acadiens lors de la résistance, durant la bataille de la Ristigouche, en 1760.

Malheureusement, ce jeune couple n'eut jamais le droit d'habiter dans une des deux réserves respectives de leur clan familial, ils furent obligés de s'exiler dans la municipalité de Nouvelle au Québec. C'est ainsi qu'ils se conformèrent au christianisme. Plusieurs années plus tard, l'un des descendants, Eugène s'installa sur les terres qui vit grandir son fils, mon grand-père Édouard, le père de mon papa. En ce qui concerne ma mère Bertha, elle était la deuxième de onze enfants. Mes parents étaient des catholiques avec des valeurs et des traditions reliées au dur labeur des Canadiens français et des respectables cultures autochtones et québécoises.

Normand, mon père, âgé de 25 ans, est un bel homme souriant avec de grands yeux bleus et des cheveux noirs frisés. Il est fort et vaillant. Sa capacité physique et son endurance aux longues heures de travail sont des atouts indispensables dans son métier de bûcheron. Ma mère sait qu'il a besoin d'un fils pour l'assister dans les prochaines années.

Il bûche avec mon grand-père paternel 10 cordes[2] de bois pour les deux maisons, afin de se chauffer durant les rudes hivers, en plus de couper d'énormes quantités de bois à vendre cinq

---

2. Au Nouveau-Brunswick, une corde de bois est de 7,31 m de long par 1,21 m, chaque bûche mesurant 40 cm.

dollars par corde. Offrir un fils à mon père est donc une question de survie.

Rencontre d'âmes

Il est 15 h 25. Où est mon père ? Dans trente-cinq minutes, il sera trop tard. Déjà, les infirmières invitent les hommes à se diriger vers la sortie. Où est-il ? Pourquoi n'est-il pas venu ?

Derrière la grande vitrine de la pouponnière, un homme jeune se tient immobile devant un lit minuscule où se trouve son petit poupon. Il y est depuis plus d'une heure et demie à fixer le berceau, le regard empli d'amour. L'univers rayonne autour de ce petit être. En tendant l'oreille, on peut entendre le chant des anges.

Enfin, le bébé ouvre les yeux. Leurs regards se croisent. Deux paires d'yeux de la couleur d'un diamant bleu se reflètent entre eux comme un miroir. Les deux âmes se reconnaissent. Le lien de leurs multiples empreintes-mémoires de vie est renouvelé, tissé par les mailles d'un amour inconditionnel. L'enfant peut dormir en toute sécurité et l'homme enfin rejoindre sa bien-aimée pour la remercier de ce précieux cadeau de Noël.

Il arrive dans la chambre de sa femme avec un très grand sourire aux lèvres et les yeux pétillants. Ce couple est complice. D'un doux baiser et d'un profond regard, il lui dit : « Michelle est tellement belle ! En plus, elle m'a souri. »

Bertha et Normand, mes parents, et moi, âgée d'un mois

Chapitre 2
Enfance fleurie et multicolore

1963 – Premiers tourbillons

Même si je n'ai alors que 2 ans et demi, je me souviens toujours de ce que je vécus chez ma grand-mère paternelle, Catherine. Cet été-là, je pars lui rendre visite toute seule en traversant le champ par un étroit sentier. Les herbes sont plus hautes que moi. Ma mère m'a dit de toujours suivre ce chemin. Ce que je ne sais pas, c'est qu'elle et ma grand-maman veillent constamment sur moi. Chacune se place sur son perron, d'où elles surveillent affectueusement mes pas. Je suis sage et j'ai envie de montrer à ma mère que je respecte ses consignes. Après tout, je suis l'aînée, je dois montrer l'exemple à ma cadette, de quinze mois plus jeune que moi.

Durant ce trajet, je cueille deux gerbes de fleurs identiques, les couleurs et les tiges devant s'harmoniser. Je hume leur parfum, puis, chacune des précieuses femmes de mon cœur reçoit son bouquet.

Lorsque j'arrive chez mes grands-parents, je m'amuse avec un grand collier de fuseaux que ma grand-maman m'a fait. Je l'observe pendant sa sieste, assise tout près de son lit sur une couverture moelleuse. Je sais qu'elle ne dort pas vraiment, parce que je vois ses beaux grands yeux me contempler tendrement. Un léger sourire aux lèvres, ses paupières se ferment doucement. J'observe son élégante chevelure argentée et frisée glissant sur le rebord de sa taie d'oreiller. Elle est belle !

Pour la première fois, je me sens flotter dans la pièce – je dirais aujourd'hui que c'est comme si je sortais de mon corps.

Ensuite, j'examine d'en haut une petite fille qui lève ses grands yeux bleus vers moi. Je suis attirée par elle, mon attention plonge vers elle. Je remarque qu'elle tient un jouet entre ses mains. C'est bizarre, elle ne bouge pas. Je réalise alors que c'est moi ! Une sensation étrange m'envahit : tout tourbillonne, comme si j'étais sur un manège. Je suis surprise. Ma grand-mère me regarde :

– Michelle, tu vas bien ?

Et moi de lui répondre :

– Mémère,[3] oui, je vais bien.

Elle me sourit, puis elle prend ma main, et nous descendons les marches de l'escalier vers le salon. Cet état va se reproduire tous les après-midis de cet été, et plus rarement les années suivantes, sans que je sache pourquoi.

Catherine et Édouard, mes grands-parents paternels

Après sa sieste, mémère Catherine me permet de regarder à travers la vitrine de sa bibliothèque de livres. Là est placé un gracieux petit panier tressé par mon grand-père Édouard. Il apprit à les confectionner grâce au savoir ancestral de son père, et en fait à chaque printemps durant la période de Pâques avec les rameaux reçus de l'église.

---

3. Cette charmante appellation pour « grand-maman » est typique de la campagne francophone du Nouveau-Brunswick, Canada.

Mon regard se pose toujours sur le même livre : un *Reader's Digest* avec une merveilleuse photo en couleur d'une montagne grandiose, l'Everest. Je fais continuellement courir mes petits doigts sur cette photo avec sa neige resplendissante. Puis, je me vois monter et grimper sans cesse plus haut. J'essaie d'imaginer ce qu'il y a de l'autre côté. J'interroge inlassablement ma grand-mère, qui me répond toujours avec une patience infinie, mais elle ne le sait pas. Avec un sourire, elle me dit :

– Michelle, si tu veux, un jour, tu pourras découvrir ce qui se cache derrière…

***

Nous habitons dans le très petit village de Lac-des-Lys. Campbellton est la ville la plus proche. Ses 8 000 habitants sont presque tous anglophones. Nous, nous sommes francophones et isolés par la barrière de la langue.

Ma grand-mère me dit souvent :

– Michelle, quand tu seras grande, apprends à t'exprimer en anglais, tu pourras mieux t'intégrer en ville.

Elle cite l'exemple de mon grand-père au magasin : il ne parle pas anglais, alors c'est très pénible de se faire comprendre, comme pour la farine, *flour*, difficile à prononcer pour des francophones. S'il n'y a pas de traducteur présent au magasin général, il revient sans la précieuse denrée.

Souvent, mémère me raconte l'histoire des Canadiens français qui se cachèrent tout un hiver autour du mont Sugarloaf[4] lors de la déportation des Acadiens de 1755. Ils avaient comme alliés des autochtones (reconnus aujourd'hui membres des Premières

---

4. Mont Sugarloaf est une montagne de près de 300 mètres tout près de Campbellton.

Nations[5]) qui parlaient le français. Leurs points de rencontre pour échanger des fourrures et de la denrée étaient ce beau lac recouvert de beaux lys situé au bout de mon petit village.

– Michelle, ce lac fut important pour la survie de notre peuple, qui combattit pour conserver la langue française. Grâce à lui, beaucoup de personnes purent se nourrir de poissons et d'anguilles.

Elle me dit :

– Regarde le lac, il y a encore quelques lys sur le bord. Lorsque j'avais ton âge, il en était entièrement couvert, mais quand tu auras le mien, il n'y en aura plus. Tu te rappelleras les lys que tu vois aujourd'hui. Et tu garderas en mémoire la signification de ces jolies fleurs. Elle est le symbole sur le drapeau de nos ancêtres, le drapeau *fleur de lys* des Canadiens français.

Puis elle ajoute :

– Apprends l'anglais, mais n'oublie jamais qui tu es.

J'avais presque 3 ans, elle en avait 43. Aujourd'hui, j'ai 64 ans. Malheureusement, il n'y a plus aucun lys autour de ce beau lac. Toutefois, cette jolie fleur a toujours sa place dans mon cœur. Je n'ai jamais oublié ces merveilleux moments d'apprentissage reçus de ma grand-maman.

1965 – Le tunnel multicolore

J'ai 5 ans. C'est la nuit, et j'ai encore fait le même rêve : je suis dans un grand tunnel multicolore, avec tellement de belles couleurs et des sons merveilleux ! Je veux rester là, mais je glisse vers la sortie et tourbillonne sur moi-même en descendant vers mon lit.

---

5. Les Premières Nations sont l'un des trois peuples autochtones reconnus au Canada, avec les Inuits et les Métis.

Oh non... ils m'ont encore suivie, la porte du tunnel ne s'est pas refermée assez vite. Des présences malveillantes sont dans ma chambre. Je peux les ressentir... Elles frôlent ma couverture. Je serre les dents et ferme les yeux. Je respire lentement cachée sous les draps. Je prie sans bouger tellement j'ai peur.

Je me rappelle les messages d'avertissement d'autres entités dans mes rêves : « S'ils te suivent, ne les regarde jamais. Ferme les yeux. Respire lentement. Attends en silence. Ne fais aucun bruit. Ne bouge pas. Ils partiront si tu ne leur donnes pas ton attention. »

Ma petite sœur et moi dormons dans la même chambre, chacune dans son lit. Et comme presque toutes les nuits, lorsque je reviens de ce voyage (rêve), elle se réveille apeurée, crie et pleure. Maman arrive en courant dans notre chambre :

– Arrête de pleurer, tu vas réveiller ton petit frère !

Gisele tremble de crainte, car elle les ressent dans la chambre. Moi, je regarde par un coin de ma couverture, faisant semblant de dormir. Je ne peux pas dire à maman que c'est ma faute, qu'ils m'ont suivie dans le tunnel lors de mon retour du merveilleux voyage dans un autre monde. Je me sens coupable. Il y a des méchants et des bons, et les méchants viennent faire peur à ma petite sœur.

Une nuit, je lui conseille :

– Ne les regarde pas. Ferme les yeux et mets ta couverture par-dessus la tête. Comme ça, ils ne te verront pas et ils partiront.

Gisele ne comprend pas : elle dort en toute confiance sans sa couverture par-dessus la tête, et ils arrivent. Elles les regardent, puis ils la voient. Elle crie et appelle notre maman.

– Arrête tes folies ! Il n'y a rien dans la chambre !

Gisele pointe vers la garde-robe. Elle sanglote et répond à maman :

– Si ! Il se cache dans la garde-robe, le monsieur avec un chapeau. Il est habillé en noir.

Maman ouvre la lumière. Elle regarde dans la garde-robe, nous confirme qu'il n'y a pas d'homme à chapeau, puis retourne dans sa chambre. Ma petite sœur et moi avons toujours peur. Je prie et tente de la rassurer. Le matin, je regarde par la fenêtre. Ayant l'impression qu'on nous observe, je vérifie si elle est bien fermée. Papa n'est pas avec nous, il est parti travailler dans le camp des bûcherons. Maman est seule avec trois petits enfants dans une grande et vieille maison qui appartenait aux grands-parents de notre père.

Durant ces nuits, la peur, les cris et les pleurs de Gisele sont comme des sirènes résonnant trop fort dans le silence paisible. La *présence invisible* de ces êtres venus d'ailleurs la tourmente. Maman se sent impuissante et la crainte l'envahit. Un courant d'air froid lui traverse le dos… Quelque chose dérange son sommeil. Elle se réfugie dans sa chambre. Le berceau de notre petit frère est placé tout près de son lit. Presque toutes les nuits, après mon retour de mes voyages nocturnes, nous entendons des pas dans le corridor, quelquefois des bruits dans l'escalier. Si seulement la lumière du matin pouvait poindre plus vite… car, le jour, ces présences n'ont plus le contrôle de la maison.

Lorsque notre père est avec nous, c'est plus calme, il semble y avoir moins de visiteurs. Nous attendons donc son retour les vendredis avec impatience. Nous sautons alors de joie dans ses bras. Il a même pris le temps de nous cueillir un grand panier de bleuets sauvages, un vrai festin pour nos yeux et nos petites mains d'enfants.

***

Il n'y a plus beaucoup d'acheteurs dans notre région pour les bûcherons coupant du bois à l'aide d'un cheval, car les grosses machines sont en train de raser les forêts. La famille de ma mère habite à Toronto, et elle aimerait aller vivre là-bas. Peut-être que papa pourrait travailler dans une usine ? Peut-être que les cauchemars de Gisele cesseront ?

***

Aujourd'hui, je sais que ces visiteurs nocturnes étaient ceux que l'on nomme les « petits gris ». Quant à l'homme au chapeau, j'ignore s'il est de ce monde ou d'ailleurs.

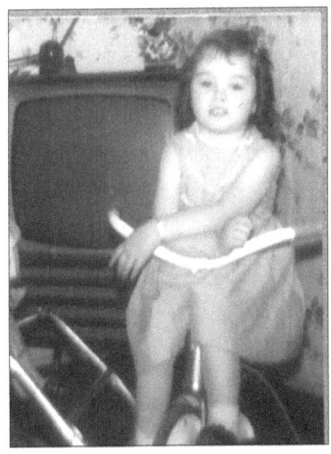

À 4 ans

Chapitre 3
Être l'ange gardien de l'autre

Automne 1966 – À l'école des grands

J'ai presque 6 ans, et je peux enfin aller à l'école. Je suis fière. Ma tante, qui est de 8 ans mon aînée, me permet de m'asseoir avec elle dans la classe. Puis je vais avoir le plaisir de partager le même pupitre à double bancs avec mon cousin Mario, âgé de 6 ans. Il est mon meilleur ami, mon frère. Notre jeu favori est de jouer les rôles de Batman et de Robin. Étant le plus « vieux », il est Batman et moi son assistant Robin.

Pour ma première journée d'école, Maman m'a acheté une belle salopette. C'est la première fois que j'en ai une. D'habitude, les filles portent des jupes ou des robes. Je suis tellement fière !

La cloche sonne, nous entrons en classe. Il y a deux grandes rangées de pupitres. Nous sommes une douzaine, des niveaux 1 à 6. Ma tante m'aide à m'asseoir sur le banc, car il est un peu haut pour moi.

Je soulève la partie de mon pupitre qui cache un endroit où placer mon étui à crayon, mes cahiers, mes crayons de couleur et ma collation.

Il y a un grand tableau noir sur le mur derrière le pupitre du maître, avec de grosses lettres de l'alphabet. Je remarque aussi les chiffres de 0 à 100. Pourquoi y a-t-il des chiffres avant et après le 0 ?

Ma tante me répond :

– Tu l'apprendras en 2e année.

Il y a un petit poêle à bois au centre de la classe. Je ne comprends pas pourquoi il est là. Mes parents me disent toujours de ne pas approcher celui de la maison. Comment vais-je faire pour aller au pupitre du maître si le poêle de la classe est près de lui ?

Debout devant nos pupitres, nous attendons en silence les directives de l'enseignant. Il se promène entre les rangées. Il me regarde de haut en bas, ce qui me donne mal au cœur. Il dit :

– C'est le temps de la prière.

Je connais *Je vous salue Marie* et *Notre Père* par cœur ! Je suis fière de moi.

Après la prière, nous gardons le silence, puis le maître ouvre un grand livre. C'est le registre des présences. Il nomme chaque élève par son nom et chacun lève la main. Puis il me regarde et lâche :

– Michelle Parent.

Je lève la main, trop gênée pour prononcer un mot. Il me lance :

– Michelle est un prénom pour garçon. C'est toi, Michelle ?

– Oui, Monsieur.

– Tu as le prénom d'un garçon, mais tu es une fille. Et tu portes un pantalon ? Les filles ne portent pas de pantalon. Si tu reviens habillée comme ça, tu retournes chez toi.

Cette fâcheuse expérience m'humilia profondément. Elle me causa une profonde tristesse et me fit devenir timide, jusqu'à être gênée de me présenter. Durant ma 1re année, j'avais peur de lui. De ce fait, je n'eus pas besoin de circuler près du poêle à bois pour me rendre à son pupitre. Et je fus très heureuse de ne plus le revoir en 2e année.

Ce soir-là, même les rires de ma petite sœur et de mon petit frère ne purent me redonner la légèreté et la paix. Étant une grande fille, je ne devais pas pleurer devant eux, et je voulais aller à l'école pour apprendre l'alphabet, les chiffres de 0 à 100, et les symboles (+ et -) qui sont avant et après le 0. Pour apprendre beaucoup de choses à l'école, je devais être forte comme mon papa, mon grand-papa, et patiente comme ma maman et ma grand-maman.

Maman demande à la fratrie de se préparer pour aller dormir avant que le Bonhomme Sept Heures[6] passe. Moi, je sais qu'il n'existe pas et n'ai pas besoin de cette histoire pour lui obéir. De toute façon, j'ai hâte d'aller me coucher, parce que j'ai la capacité de voyager dans ce que les adultes appellent « le monde astral », nom que je découvrirai bien plus tard. Je pars toutes les nuits avant de m'endormir, à condition d'avoir mangé une pomme avant. Je ne sais toujours pas pourquoi ce fruit me produisait cet effet. Devrais-je réessayer pour le découvrir ?

Là où habite mon ami François
J'entends un bourdonnement sourd dans mes oreilles. Quelque chose se passe en moi. Je me sens légère et sors par la fenêtre de ma chambre, en planant sur une longue distance. Au loin, j'aperçois une maison blanche. Le potager aux multiples couleurs est entouré par des bandes de fines herbes dont les arômes taquinent mes narines. Je distingue les vastes vergers entourés de hautes clôtures blanches. C'est la demeure de mon ami François, que j'ai découvert un jour lors de l'un de ces voyages et auquel je rends visite régulièrement.

Il n'y a jamais d'hiver et j'aime cet endroit, avec son magnifique jardin arc-en-ciel. J'admire la fontaine où les petits oiseaux gazouillent, et les belles allées en pierres sculptées sillonnant autour des parterres. Je m'approche du balcon situé au deuxième étage, puis j'entre par la porte double vitrée de la chambre de mon ami. Je plane jusqu'à lui.

---
6. Personnage fictif maléfique de la culture du Québec et du Canada francophone.

Quelques fois, il dort et je dois le réveiller. Je me tiens tout près de sa tête, afin qu'il puisse voir mon visage dans son miroir. Il ouvre ses grands yeux noisette et me regarde avec curiosité. Je ne vois pas son corps, caché par un gros cylindre blanc et gris pâle.[7] Je pense qu'il est un peu plus âgé que moi. Au cours de mes nombreuses visites, il m'explique des choses avec des mots compliqués et un vocabulaire plus varié que le mien. Son accent est différent de celui de ma région. Il connaît des animaux que j'ignore. Il me parle des têtes d'animaux empaillés qui décorent les murs de sa chambre. Son père lui raconte les histoires de ses voyages dans des pays lointains. Je suis fascinée par ce que François nomme... la jungle.

Ce soir, plutôt que des histoires merveilleuses, je lui raconte mon accablante journée. Il pleure avec moi lorsque je lui raconte que le maître d'école ne m'aime pas parce que je suis une fille. Il ne peut essuyer ses grosses larmes, car ses bras sont retenus dans le gros cylindre. Je n'arrive pas à lui tendre un mouchoir, car ma main... traverse le tissu et, soudain, je réalise que je ne suis pas là physiquement. C'est un choc.

François m'explique :

– Mamie et mon infirmière m'ont dit que tu n'as pas de corps, que tu es un ange gardien, mais je sais que tu existes parce que, sans toi, je ne saurais pas ce qui se passe dehors. Alors, que tu sois une fille ou un garçon n'a aucune importance. Michelle, tu es mon ange gardien, ma seule et meilleure amie.

Nous parlons toujours jusque tard dans la nuit. Et Gisele crie à maman :

– Maman ! Michelle parle encore toute seule, je ne peux pas dormir !

---

7. J'ai effectué des recherches pour découvrir l'utilité de ce cylindre. C'était un modèle du Poumon d'acier des années 1950 pour soigner la poliomyélite.

Alors, je reviens brutalement dans mon corps. Dans mon lit.

***

À partir de ce jour-là, je n'ai jamais pu refaire ce voyage, sans comprendre pourquoi. Aujourd'hui, je pense que ce fut dû au choc. J'imagine sa tristesse et sa solitude. Quant à moi, je fus inconsolable de la perte de mon ami François.

Par la suite, je n'eus jamais l'occasion de le voir « en vrai », pas même à la télévision, sur internet ou tout autre support. Aujourd'hui encore, je me demande s'il existe. Quoi qu'il en soit, après tant de temps, ces voyages restent toujours mystérieux.

Illustrations pour le chapitre 4
par Kathleen Gallant, artiste peintre intuitive

Les deux amis et Gisele partent en traîneau. Michelle est seule en haut de la grande pente. Elle regarde le grand vaisseau s'approcher sans bruit au-dessus d'elle.

Michelle est sous le grand vaisseau. Gisele est revenue et se cache dans les petits buissons près du petit pont.

Chapitre 4
Famille céleste de la 18ᵉ dimension

Hiver 1967 – Rencontre temporelle

J'ai 7 ans. Je ne me rappelle plus du jour exact, mais cet évènement va contribuer à transformer ma vie. Le ciel est bleu, sans nuages, et le calme absolu baigne notre belle campagne. La neige brille comme des millions de diamants sous mes pieds. Je grimpe lentement la pente avec ma petite sœur et deux amis. Chacun des garçons a un traîneau et nous glissons en duo. C'est en remontant la pente après l'une de nos glisses que *cela* survient.

Une forme ovale se déplace dans le ciel.

Un des garçons s'exclame :

– Regardez dans le ciel. Tout près du pylône des fils électriques, il y a quelque chose.

L'autre, un peu plus âgé, répond avec un raisonnement de garçon :

– Ça ne fait pas de bruit, aucune hélice... ça ne peut pas être un hélicoptère... Ça ne peut pas être un avion non plus, c'est rond et ça saute comme un lapin.

Puis il ajoute nerveusement :

– Moi, je ne reste pas icitte !

Juste le temps de le dire, mes deux amis ont pris leur traîneau, ma petite sœur est avec eux.

J'entends les traîneaux qui glissent à toute allure, puis le silence s'installe. Je ne peux plus bouger. Mes yeux sont fixés sur ce grand objet de couleur gris métallique. Il demeure sur place, stationnaire dans le ciel. En moi monte un sentiment difficile à identifier, mais je ressens une immense joie.

Et je me sens presque coupable.

Mon cœur bat fort. Je réalise qu'enfin, *l'attente est terminée.* L'enthousiasme de l'âme et de l'esprit danse dans mon cœur, comme si je ressentais que je vais revoir ma *famille.*

Je suis seule ; ou pense l'être. L'engin stationne directement au-dessus de moi. Il est tellement immense qu'il cache maintenant le Soleil et les rayons qui me réchauffaient le visage. Je distingue une grande ouverture... Au centre, il y a une lumière blanche aveuglante. Le temps s'arrête. Je suis paralysée, puis me sens aspirée. Je ne suis plus dans mon corps. Je suis... quelque part. Bien et heureuse.

Enfin, ILS m'ont retrouvée !

Je suis tellement heureuse dans ce grand vaisseau, pourtant mon corps est toujours dans la neige sous l'ouverture. Je ne comprends pas comment c'est possible.

Enfin, je les vois ! Ils sont trois, tellement beaux, transparents et lumineux. Ils ont d'énormes yeux de la couleur des pierres précieuses. Bleu azur... lapis-lazuli. Ils se reflètent dans la lumière de leur corps énergétique, transparent, bleu royal, entremêlé de blanc et de turquoise. Fluides comme de l'eau pure et cristalline. Ils ne marchent pas, ils flottent. Les extrémités de leurs mains et de leurs pieds ne sont pas comme les nôtres. Ce sont des rayons lumineux, des filets, des faisceaux fragmentés de fils d'argent. Leurs bouches closes, ils parlent dans une langue que je ne connais pas. J'ai l'impression d'entendre des sons de musique qui bercent mon âme, un langage universel où les mots sont inutiles.

Pour ma protection, un cylindre transparent m'entoure. Je dois rester calme et ne pas bouger, afin de rester connectée à mon corps physique. Je n'ai pas le droit de toucher ces êtres bleus, parce que l'intensité des rayons de leur champ énergétique me brûlerait. Ils m'expliquent que je dois prendre soin de ce corps humain, que j'en ai besoin dans cette présente vie. Malgré leurs belles paroles, je suis triste, car je leur avoue ne pas vouloir être une fille, que ce sera beaucoup plus simple d'accomplir des choses en tant que garçon, mais ils me rassurent : ils m'aideront.

L'important est que je sois « une bonne fille et que je prenne soin de ce corps physique ». Je ressens qu'ils sont mes amis.

Voyage de l'intérieur
Je pose les mains sur l'intérieur du contenant, un genre de cylindre, plutôt de grosse bulle de savon, qui me protège. Je me souviens encore aujourd'hui que le toucher de cette « chose » est doux et lisse, et qu'elle bouge sous les paumes de mes mains... tel un battement de cœur. L'un de mes trois nouveaux amis me fait comprendre dans son vocabulaire musical qu'ils se préparent pour notre voyage, que je ne dois pas avoir peur, que ce sera beau, puis ils me ramèneront ici.

Depuis l'intérieur du cylindre, je vois à travers le grand hublot le paysage d'hiver, avec la neige qui brille sous les rayons du soleil et, au loin, de grands sapins et d'autres arbres sans leur feuillage. Je tourne la tête vers ma droite : deux de mes amis se tiennent près d'un genre de long comptoir sous le grand hublot, sur lequel ils posent leurs doigts de fils argentés. Ils émettent des sons doux et l'appareil monte vers le ciel bleu. À aucun moment, je n'entendrai un bruit de moteur, comme s'il n'y en avait pas. J'ai même l'impression qu'ils sont en communication directe avec le vaisseau, et que c'est leur son qui le dirige.

Moi, je regarde avec étonnement. Dans le ciel bleu apparaissent maintenant des nuages ressemblant à de la ouate. L'appareil stationne et nous patientons un instant. Un arc-en ciel vient vers nous et se transforme en un grand corridor avec des couleurs entremêlées de rose, de blanc, de mauve, de vert, de bleu. La machine entre dans ce tourbillon, et nous avançons rapidement vers un endroit où des milliers d'étoiles scintillent sous un ciel bleu-nuit. Je n'ai jamais rien vu de tel ! Nous avançons encore très vite dans ce ciel étoilé… J'observe des formes que je ne connais pas. Adulte, je découvrirai ce dont il s'agit.

Par un son que ma tête comprend, ils m'informent que nous allons bientôt arriver chez nous. Je ressens une joie que je ne comprends pas.

L'appareil s'approche d'une sorte de pont, que je ne sais comment nommer autrement, mais il semble savoir que… nous arrivons. Je baisse les yeux pour le regarder glisser sous l'appareil. Je les relève et, à ma grande surprise, je vois une foule nous attendre. Eux non plus ne marchent pas : ils flottent ! Ils sont tels que mes trois amis, avec le corps transparent, des mains rayonnantes de faisceaux fragmentés de fils d'argent et ces beaux grands yeux lapis-lazuli. Bien que nous soyons encore à l'intérieur du vaisseau, je les entends émettre une mélodie douce et accueillante vers l'appareil, comme pour le diriger.

Autour d'eux, je remarque des plantes que je ne connais pas. Elles semblent produire une lumière intérieure, et se balancent doucement au son de la mélodie. Les arbres sont de couleurs étranges, et je distingue des formes sautillant d'arbre en arbre… Je pense que ce sont des oiseaux avec un plumage et de grandes ailes multicolores.

Plus l'appareil s'approche d'eux, plus ces beaux êtres ouvrent un passage au centre du groupe, dévoilant le sol, d'une couleur blanche. Je me dis que cela ressemble à du sel. Adulte, j'y ai souvent repensé, et je crois que c'était plutôt du sable blanc. Au loin, j'aperçois des maisons. Elles sont en forme de gros coquillages. Tout près brillent de petites formes lumineuses semblant jouer ensemble. Je demande à l'un de mes trois amis ce dont il s'agit. Il me répond que ce sont des enfants revenant de leur voyage sur Terre et sur d'autres planètes. Ouf ! Là, je ne comprends rien. Puis il ajoute : « Ne t'inquiète pas, un jour tu comprendras. Pour le moment, garde en mémoire ce que tu vois. » Alors, je continue d'observer. Au loin dans le ciel rose pâle, j'observe deux sortes de gros soleils qui ne me font pas mal aux yeux. Plusieurs ponts apparaissent et se glissent sous des appareils volants à la bordure de ce ciel. Au sol, de nombreux êtres rayonnants forment comme une grosse boule de lumière, et sont présents sous chaque appareil qui arrive. D'autres repartent vers le haut de ce ciel. Ils sont semblables à celui dans lequel je me trouve, de la forme d'un bol et d'un gris métallique... telle une soucoupe volante.

Tout à coup, mon regard se tourne vers la gauche du hublot et je remarque une vaste étendue Je pense que c'est un grand champ, mais sa couleur n'est pas verte, plutôt un beau jaune pâle. Ce qui semble de la brise fait bouger les longues herbes, qui ressemblent à du blé doré. J'observe des animaux que je ne connais pas, un croisement de chevaux et de vaches, ainsi que de petites espèces qui sautent partout. Je n'en ai jamais revu de semblables après être revenue de mon voyage, même en provenance des contrées terrestres les plus lointaines.

Mes trois amis semblent discuter de moi. Je saisis mentalement leur conversation : l'un d'eux alerte les deux autres que le temps presse... que je dois retourner maintenant. Cela me rend anxieuse. Je commence à me sentir faible, comme si je ne ressentais plus les extrémités de mon corps, mes mains et mes pieds... Mes mains ne peuvent plus se maintenir sur l'intérieur du cylindre, elles glissent vers le bas. Le cylindre se replace là où il était lorsque je suis montée dans l'appareil. Nous retournons dans le grand tourbillon de couleurs, puis c'est le trajet retour.

Dans ma tête, j'entends que mes amis se disent : « Nous devons lui transmettre le message maintenant. »

Alors, l'un des êtres cristallins bleus s'avance devant le cylindre qui me protège et s'agenouille à ma hauteur. Dans chacune de ses pupilles brille une planète ressemblant à la Terre. Il m'explique :

– Ces planètes sont des jumelles. Nous en prenons soin. Tu dois enseigner aux humains à faire des soins. Vous avez l'une des jumelles, et nous, l'autre. Elles sont unies et reflètent les âmes comme un miroir. Elles semblent très loin en distance pour vous, mais c'est une illusion. La façon de les rapprocher consiste à rehausser les taux vibratoires.

Lorsqu'il prononce le mot *humains,* il trace du bout d'une de ses mains transparentes un grand **S** à la fin du mot, avant d'ajouter :

– Rappelle-toi ce message :

HumainS, nous vous aimons.
Rehaussez vos taux vibratoires au-dessus des peurs, où règne l'amour qui guérit.

Inutile de préciser que je ne comprends pas le sens de leur message.

Puis la tête me tourne, mes yeux se ferment... et je ne me souviens plus de rien, sauf après m'être senti retomber dans mes bottes sous l'appareil.

Gisele à 3 ans et moi à 4 ans

Retour vers le présent

J'entends un cri, comme dans un écho lointain, car, mentalement et énergétiquement, je suis encore dans la soucoupe. C'est ma petite sœur :

– Michelle, la machine va te voler !

Je me tourne dans sa direction, elle se tient debout en bas de la grande pente de neige ; je relève la tête vers la soucoupe... elle a disparu.

– Michelle, que t'ont-ils fait quand tu es partie avec eux dans la machine ?

Lentement, je la rejoins en bas. Nous traversons le ponceau par-dessus le petit ruisseau. Je me sens perdue. Vide. Seule. Comme si une partie de moi m'avait quittée. Une masse incessante d'informations défile dans ma tête, mais je n'arrive pas à trouver de mots pour les exprimer. Formuler des phrases me semble impossible. Mes pas sont lourds. Je ne contrôle plus les mouvements de mes jambes ni de mes bras.

J'entends juste Gisele :

– Michelle, tu n'es plus pareille, que s'est-il passé ?

Je ne peux pas répondre. Elle n'arrête pas de parler, mais mon cerveau est grillé. En tout cas, ses remarques prouvent que je n'ai pas halluciné, puisqu'elle aussi a vu la « machine » dans laquelle je suis montée – près de soixante ans plus tard, elle s'en souvient toujours.

– Maman ne m'a pas crue. Je lui ai dit que la grosse machine allait te voler, mais elle m'a répondu : « Arrête avec tes histoires folles ! Va chercher Michelle, papa s'en vient souper. »

Plus elle parle, moins je comprends : elle est déjà rentrée à la maison et serait revenue ? Et comment peut-il être l'heure du souper, puisque nous venons juste de sortir pour glisser ? Pourquoi le soleil s'est-il déjà couché ? Il faisait tellement beau. J'ai froid. Pourtant, emmitouflée, je porte encore tous mes vêtements. J'ai de la difficulté à marcher. Mon corps ne fonctionne presque plus.

Gisele me repose la même question :

– Michelle, que t'ont-ils fait quand tu es partie avec eux dans la machine ? Je suis contente que tu sois revenue. Je craignais qu'ils t'aient volée.

Pauvre petite sœur. Elle mériterait que je la prenne dans mes bras et lui dise combien je l'aime, mais j'en suis alors incapable. Elle a besoin que je la rassure. Malheureusement, je ne ressens plus rien. Je suis vidée de toute émotion. Je ne suis plus moi-même. Je marche comme un zombie vers notre maison que je ne reconnais pas. Que m'arrive-t-il ?

Bien des années plus tard, Gisele me dira s'être cachée en bas de la pente, dans les cornouillers à bois rouge près du petit ruisseau. De là, elle observa toute la scène. J'étais debout sous la grosse soucoupe volante. Ensuite, je disparus de son champ de vision. C'est à ce moment qu'elle eut le courage de sortir de sa cachette, et de marcher seule dans la neige jusqu'à la maison, mais maman ne la crut pas. Elle revint ensuite me chercher, seule.

Quant à moi, j'ai toujours pensé avoir perdu une vingtaine de minutes de ma réalité, mais, à cause du temps nécessaire à Gisele pour l'aller-retour, il s'écoula probablement entre trois et quatre heures.

Retour en terre… inconnue

– Dépêchez-vous, les filles, crie maman.

Nous nous asseyons à table. Je n'ai pas faim. Je ne sais plus ce que signifie la faim. Ma petite sœur tente encore d'expliquer ce qu'elle a vu. Elle répète qu'une grosse machine m'a presque volée, et que, sans elle, je ne serais pas revenue à la maison.

Le silence plane quelques instants, puis j'entends ma mère répondre à Gisele :

– Tais-toi et mange. Arrête avec tes histoires folles.

Tout à coup, une émotion monte en moi : ce n'est pas correct que maman lui parle ainsi. Je baisse les yeux sur ma cuillère, la bouge et regarde mon reflet. Je ne peux m'empêcher d'observer la forme, la couleur, comme si un souvenir surgissait dans mon cerveau. Un réflexe que je ne peux arrêter. Je tourne et retourne l'objet. Je ne sais plus le nom de cet ustensile… Je regarde autour de moi, et réalise que je ne reconnais rien dans la salle à manger.

Suis-je chez-moi ? Je regarde cette femme et cet homme, je ne les reconnais pas. Qui sont-ils ? Et ce petit assis à la table avec nous. Qui est-il ?

Je mange, mais ne goûte rien. Pourtant, tout a l'air bon. Un souper typique : rôti de bœuf avec oignons, carottes, navets, pommes de terre en purée et sauce brune. Je regarde ces choses dans mon assiette, mais aucun nom ne me vient.

Heureusement, ma sœur allonge les bras avec son assiette et demande :

– Maman, plus de patates.

Alors, je comprends que ces choses blanches sont des patates. Et que la femme est ma maman.

***

C'est le début d'un long réapprentissage. À l'âge adulte, je réaliserai avoir probablement souffert d'une hypothermie générale.[8]

Quant à la réaction de mes parents, il ne faut pas oublier que maman était alors une jeune femme âgée de 26 ans, avec trois jeunes enfants sous sa responsabilité. En ce temps-là, nous avions le droit d'aller nous amuser dehors sans surveillance. Nous vivions dans un rang.[9] Tout le monde se connaissait, et les habitudes de vie étaient très différentes de celles d'aujourd'hui. Puisque j'étais sage et mature pour mon âge, ma mère ne pensa probablement pas que j'étais en danger, et encore moins emportée par les créatures racontées pas ma sœur.

Toutefois, elle partagera avec l'ufologue des années plus tard ne pas comprendre pourquoi elle ne réagit pas à mon absence. Elle lui dira qu'il était incompréhensible de ne pas s'être inquiétée. Elle ne me questionna même pas après mon retour, bien

---

8. Hypothermie générale : la personne reste consciente, mais avec des phases d'amnésie, d'apathie ou de difficulté d'élocution. Elle souffre de troubles du jugement et d'adaptation à la situation. Elle est causée par une exposition prolongée au froid.

9. Petit hameau.

qu'elle me vît dépérir. Elle pensa simplement que j'avais attrapé une maladie infantile. Mon père non plus ne me posa aucune question. Leur attitude ne concordait pas avec la réalité que je connaissais d'eux. Cela demeure encore un mystère pour Gisele et moi.

Problèmes aux pieds, aux mains, aux yeux...
Le lendemain, je me réveille avec les mains et les pieds enflés, recouverts d'ampoules. Ils se mettent à saigner durant les semaines suivantes. On dirait que j'ai perdu une couche de peau sur mes extrémités. J'ai tellement mal et cela me brûle... Je me sens faible, je ne vois presque plus et j'ai de la difficulté à parler. Ma tête me fait souffrir et mes oreilles bourdonnent, comme si plein d'abeilles tournaient autour de moi, en moi...

Je perçois des gens discuter au loin. Je ne comprends pas ce qu'ils disent, mais je ressens leur inquiétude. Je ne quitte plus le lit. Maman soigne mes pieds et mes mains, et me place une petite serviette d'eau froide sur le front. Elle vérifie si j'ai de la fièvre, et me donne une aspirine rose. Après quelques jours, le goût revient. Oh, que j'aime ce petit cachet !

Les jours passent, mais ma santé ne s'améliore pas : je n'ai plus la force de soulever un crayon, moi qui aime dessiner et colorier.

Chaque fois que je passe devant la radio, le son devient faible et elle siffle. Il est difficile de syntoniser la station désirée et les stations adjacentes masquent même le signal. D'autres fois, la radio et la télévision émettent un mélange confus de voix et de musique, résultat du chevauchement de plusieurs stations.

Après presque deux mois de convalescence, mon corps reste faible et ma vue ne s'améliore pas. Je dois toucher les objets et les aliments pour les reconnaître. Mon regard est voilé par une brume opaque. J'ai de plus en plus de difficulté à distinguer les visages, les animaux, les arbres... J'essaie d'expliquer la situation à maman, mais elle ne semble pas comprendre.

Toutefois, mes autres sens sont beaucoup plus forts qu'avant la rencontre avec les grands êtres bleus. Quelquefois, j'entends les conversations de personnes hors de mon champ de vision, y compris à l'extérieur de la maison. Je peux aussi sentir leur odeur. Cela me fascine. La plupart du temps, je n'ai pas besoin de toucher un objet pour le reconnaître, juste effleurer le contour. Je le vois en vision dans ma tête.

Finalement, le médecin effectue des tests sanguins. Concluant qu'il 'agit d'une forte anémie, il me prescrit un tonique et des vitamines. Ce traitement durera près d'un an et demi, afin d'éviter une éventuelle leucémie. En quelques semaines, je commence à me sentir mieux. Je peux retourner à l'école. J'en suis heureuse parce que je revois mes amies.

Je m'assois dans la dernière rangée, à la même place qu'en début d'année. Malheureusement, je ne distingue plus ce qui est écrit sur le tableau. Je tente d'expliquer la situation à l'enseignante, mais elle ne me croit pas :

– Tu voyais bien de septembre à février. Arrête d'essayer de me faire croire que, maintenant, tu ne vois rien.

C'est ainsi que je redouble ma deuxième année, parce que, de mai à juin, je ne distingue rien au tableau, et suis séparée de mes amies, qui passent en troisième année. Et moi, je suis retenue en deuxième année pour de mauvaises raisons.

L'automne arrive. L'ophtalmologiste découvre des cicatrices de brûlure en haut de la cornée. Il demande à ma mère si j'ai été exposée à des rayons ultraviolets. Il nous explique que ces minuscules faisceaux de lumière auraient été projetés aux mêmes endroits dans mes yeux durant plusieurs heures. Il déclare que je suis chanceuse que les radiations n'aient pas trop endommagé mes cornées. Toutefois, je dois porter des lunettes, parce que je ne vois plus qu'au-delà d'un pied de distance. Le résultat des examens : myopie forte à -10. Pourtant, à peine un an plus tôt, ma vue était parfaite.

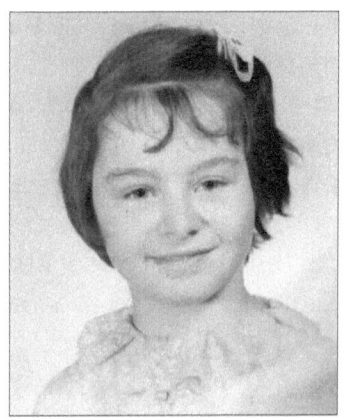

À 8 ans

Adulte, un autre ophtalmologiste me posera la question :
– Avez-vous déjà travaillé dans un endroit à haute radiation ?
– Non, jamais. Pourquoi me le demandez-vous ?
– Parce qu'il y a de petites taches jaunes au fond de vos yeux. Normalement, ce sont les personnes travaillant dans des conditions exposées aux radiations à long terme qui présentent de tels symptômes.

Mars 1995 – Êtres de la 18ᵉ dimension
D'après les informations que mes guides me transmettent à l'âge adulte, ces grands êtres bleus sont des êtres de lumière qui n'ont pas forme humaine. Ils ont la capacité de se transformer pour être vus par l'œil humain et entendus si besoin, mais aussi d'utiliser les autres sens humains pour entrer en commu-

nication. Ils *choisissent librement et par amour inconditionnel de descendre* vers nos plans de conscience pour nous assister et nous aider à évoluer vers les sphères supérieures. Ils ont le pouvoir de lire et enregistrer les mémoires de l'âme depuis sa première incarnation.

Mes guident m'ont dit qu'ils *ont un corps de diamant*, portent le titre d'archange et habitent dans les sphères supérieures telles que la 18e dimension. En comparaison, l'humain naît avec la capacité d'élever la fréquence de son taux vibratoire seulement jusqu'à la 5e dimension. Là se situe le point de rencontre énergétique vibratoire avec ces grands êtres immortels. Durant sa vie terrestre, en résonance avec sa destinée, il pourra vivre plusieurs rencontres avec eux.

Chapitre 5
Voix de secours

Été 1970 – Perdue au cœur de Toronto

Vers la fin des années soixante, le métier de bûcheron à cheval tend à disparaître. Mes parents déménagent donc à Toronto. Peut-être que mon père pourra travailler dans une usine, comme les frères de ma mère ?

Nous passons la nuit dans le train et le trajet me semble interminable, car il s'étend sur près de 1 300 km. Une fine pluie tombe sur la grande ville. Devant la gare Union, des taxis attendent les passagers. Après quelques échanges dans un anglais maladroit, le chauffeur embarque nos bagages et nous prenons place. Il nous conduit vers la rue Parliament, où habitent pépère Onésime et mémère Éva, avec les quatre frères et sœurs de maman. La porte s'ouvre et Pépère sort pour nous accueillir.

Toronto est très différente de notre petit village de onze maisons. Les odeurs d'usines s'entremêlent à celles des restaurants et m'irritent le nez. Les bruits des voitures, des sirènes et des ambulances, toujours en mouvement, nous rappellent que la ville ne dort jamais. En haut, dans la chambre à coucher, je regarde ce bouillonnement et n'arrive pas à comprendre pourquoi maman a voulu déménager dans cet enfer bruyant. Je m'ennuie déjà du calme et de la plénitude de notre ancienne vie.

Nous faisons connaissance avec nos jeunes oncles et tantes. Une en particulier souhaite nous faire découvrir « sa ville » et ignore la consigne de Maman, qui nous interdit de sortir de la cour. Tous les après-midis, pendant une semaine, nous quittons donc la maison en cachette.

Avec quelques sous, il est facile d'acheter des gourmandises. Nous ne sommes pas habituées à manger des bonbons et marcher sur les trottoirs à perte de vue. En plus, il y a tellement de monde ! Nous effectuons toujours le même trajet et commençons à connaître le quartier, avec le barbier, la friperie et le dépanneur. Notre jeune tante nous avertit de ne pas révéler à nos parents que nous sortons, sinon elle ne nous donnera plus de friandises. Alors, ma sœur et moi gardons le secret.

Un jour, lors d'une expédition dont se souvient encore Gisele, je baisse les yeux et, à ma grande surprise, il y a un billet d'un dollar sur le trottoir ! Je suis émue. Je le ramasse et le montre à ma tante, qui me répond :

– Donne-le-moi. C'est ma ville. C'est mon trottoir !

– Non. Je vais nous acheter un gros sac de friandises pour nous trois.

Elle me regarde avec ses yeux bruns et annonce :

– Tu vas le regretter !

Elle prend donc un chemin différent. Nous traversons quatre petites rues, puis je vois un homme avec des gants blanc qui signale aux piétons lorsque c'est à leur tour de passer. Notre tante tient Gisele par la main et je les suis, inquiète : ce quartier n'est pas celui de nos grands-parents.

Nous traversons les deux grandes rues Parliament et Winchester, et marchons environ dix à quinze minutes. De loin, j'aperçois l'enseigne d'un dépanneur et ma jeune tante nous dirige vers celui-ci. Nous y entrons. Elle choisit un gros sac de friandises et le pose sur le comptoir. Je suis fière de payer avec le dollar.

Pendant que le caissier me rend la monnaie, ma tante prend le sac et sort avec Gisele. Je me dirige vers la sortie, mais... où sont-elles ? Oh non ! Elles courent à toutes jambes vers la traverse des piétons. Pourquoi ne m'attendent-elles pas ? Ma tante se tourne vers moi, me sourit et continue de courir. Ma petite sœur semble se débattre pour lâcher sa main. Je cours vers elles, mais elles sont déjà de l'autre côté de la grande rue et le trafic reprend. La foule est imposante. Je ne les vois plus. Je dois attendre le prochain *droit de passage* pour traverser la grande rue. J'ai envie de pleurer. J'ai peur. Ma tante m'a abandonnée.

Enfin, l'homme aux gants blancs fait signe de traverser. Je m'arrête devant lui et demande :

– Où est la maison de pépère Onésime ?

– *I don't understand French. Stay here. I will get someone to help you.*[10]

Je ne le comprends pas et décide de traverser la grande rue en même temps que la foule. Arrivée de l'autre côté, je commence à paniquer. Je manque d'air. Je pense m'évanouir. De quel côté tourner pour rejoindre la maison de mes grands-parents ? À gauche ou à droite ? Je ne sais pas que la rue Parliament est très longue.

Tout à coup, j'entends une voix faible, semblant venir de loin. Je dois me forcer pour l'écouter tellement il y a de bruit. Elle me dit :

– Calme-toi. Je vais t'aider, mais tu dois faire ce que je te dis.

Je la cherche du regard, mais personne ne semble me porter attention. Je réalise que cette voix parle DANS ma tête. Je lui demande :

– Es-tu Jésus ?

– Non. Je suis là pour t'aider.

---

10. « Je ne comprends pas le français. Reste ici. Je vais trouver quelqu'un pour t'aider. »

Je choisis de l'écouter.

– Tourne à droite. Marche au milieu du trottoir. Tiens-toi avec la foule. Ne pleure pas. Ne crie pas. Ne parle à personne. Et marche comme si tu savais où tu vas. Je vais te guider jusqu'à la maison de tes grands-parents.

À l'intérieur, je tremble telle une feuille au vent ! J'ai peur, mais je ne vais pas le montrer. Je marche comme la voix me l'a expliqué. Je ne l'entends plus. Mon imagination m'a-t-elle joué un tour ? Je doute. Et si je m'éloignais de chez mes grands-parents plutôt que me rapprocher ? Je tourne de bord, pour aller dans l'autre sens du trottoir.

La voix revient subitement :

– Tu ne nous écoutes pas. Tu dois nous écouter. Le temps presse. Tourne et reviens sur ta route.

Je m'arrête. Je lève les yeux vers le ciel et réalise qu'il commence à faire sombre. Et la peur me reprend. Je me rappelle avoir entendu les adultes dire que des gens sortent du Winchester Hotel la nuit et qu'il ne faut jamais être dehors à cette heure.

– Aide-moi. J'ai peur.

Puis, un grand calme m'enveloppe, comme dans un voile. Je ne sais comment décrire cette sensation, mais la peur me quitte. Je marche au centre du trottoir avec la foule. Je ne crie pas. Je ne pleure pas. Je regarde droit devant moi, comme si je savais où j'allais.

Il s'écoule probablement une demi-heure, et je reconnais les petits carreaux de céramique de la grande fenêtre chez le barbier ! Puis je vois le petit dépanneur. Au loin, j'aperçois mon grand-père Onésime qui marche les mains dans les poches en fumant sa pipe. Je m'approche de la clôture qui entoure la cour. Enfin, je suis arrivée et en sécurité. Je reprends mon souffle.

Lentement, j'entre dans la maison et me dirige en silence vers la cuisine. Grand-maman Éva prépare le souper. Elle me demande :

– As-tu faim, ma fille ?

Personne n'a remarqué mon absence. Et moi, par crainte d'être punie, je ne dis rien.

Les jours suivants, l'être qui m'a guidée vers la maison de mes grands-parents reste présent. Je ressens le même sentiment de calme et de sérénité que lors de mes anciennes visites chez François et de ma rencontre avec les grands êtres bleus. Est-ce un autre membre de ma famille céleste qui est venu à mon secours ?

Après cet évènement traumatisant, la méfiance envers les autres m'habitera et j'aurai de la difficulté à faire confiance.

Une semaine plus tard, mes parents prennent la décision de repartir au Nouveau-Brunswick : la grande ville n'est pas pour nous. Mon père décide de reprendre ses études, de se réorienter vers le métier de charpentier, et de bâtir une nouvelle maison avec l'aide de maman et de ses deux oncles. De retour chez nous, tout semble se remettre en harmonie. Cette jolie maison, mes parents l'ont construite en trois semaines de peine et de misère, car nous restons très pauvres puisque mon père étudie.

Cependant, le calme est de courte durée. Une famille avec un grand nombre d'enfants raconte que notre maison est sur leur terrain. Ces voisins n'acceptent pas le fait qu'il ne leur appartienne pas, alors que mon père l'a reçu de son frère. Il fait appel à un avocat et aux tribunaux, et il sera prouvé légalement qu'il est bien la propriété de mes parents. Malheureusement, le dommage émotionnel produit son effet : j'en suis affectée au point de quitter l'école à 15 ans, en neuvième année scolaire. Je reprendrai plus tard mes études en cours du soir pour terminer mon secondaire. Ensuite, je continuerai mes études collégiales et universitaires.

Qui es-tu, toi, « la voix » ?
J'ai 11 ans. Je me recueille souvent derrière la maison familiale dans le sous-bois. Là, coule un petit ruisseau et, tout près, se dresse un beau rocher recouvert de mousse verte. Je peux m'asseoir pendant des heures à écouter le chant des oiseaux et le bruit relaxant de l'eau.

La voix, la même que celle que j'ai entendue lorsque j'étais perdue dans Toronto, me parle de belles choses. Elle me console et me redonne confiance envers les humains. Elle m'explique que je dois apprendre à écouter ce qui est dans leur tête et leur cœur. Cela me dérange un peu lorsqu'elle utilise le mot « humain » pour parler des autres. Je ne comprends pas pourquoi elle m'en parle ainsi : ne suis-je pas, moi aussi, une « humaine » ?

Un jour, je lui pose cette question :

– Qui es-tu ?

– Cela n'a pas d'importance pour l'instant. Sache que nous t'aimons et te protégeons. Nous t'aiderons à faire ce que tu es venu faire.

J'insiste :

– Qui es-tu ?

– Je suis d'un autre temps que toi, d'une autre époque.

Je ne connais pas le mot « époque ». De retour à la maison, je regarde dans le dictionnaire et suis surprise de sa signification. Comment une voix d'une « autre époque » peut-elle me parler ? Et à qui appartient-elle ? Elle me parle de sujets ressemblant à ceux dont m'ont parlé les grands êtres bleus. Y a-t-il un lien entre eux, se connaissent-ils ?

Elle me fait réfléchir sur le respect des autres et l'importance de les aimer, malgré leur ignorance et leur méchanceté. Elle me dit de me préparer à les aider, à accepter que certaines choses soient difficiles à comprendre. Elle me parle des sphères et des fréquences, des dimensions et des univers, de la force de guérison habitant dans nos cœurs et des énergies reliées aux champs magnétiques qui activent les plantes, la mer, le vent et la Terre.

Malgré son ton formel et presque sévère, elle est remplie d'une énergie d'amour. Elle aime les êtres peuplant la Terre. Elle dit habiter la 18e dimension. J'ignore ce que cela signifie. Peut-être est-ce la raison pour laquelle je dois tendre l'oreille pour bien l'entendre et comprendre ses mots, puisque la 18e dimension, c'est certainement très loin d'ici ?

Chapitre 6
Mon ami d'une autre époque

Printemps 1975 – Persécutée

J'ai 15 ans. Je n'en peux plus : cinq des enfants de la famille voisine me rendent la vie impossible depuis trop longtemps. La colère et le désespoir m'animent, et je ne sais plus quoi faire pour les éviter. Les allers et retours à l'école sont intolérables. Tous un peu plus vieux que moi, ils empoisonnent ma vie. Ils me crachent au visage, enlèvent mes lunettes et les lancent en l'air, et me poussent à terre. Ils m'insultent et me font une mauvaise réputation. À l'école, j'évite de participer aux activités où ils sont présents, à savoir les arts, la bibliothèque et les activités théâtrales. Durant les classes, les périodes de pause et les dîners, je survis grâce à trois bonnes amies.

Durant le repas de midi, des élèves viennent me voir pour que je leur fasse un dessin sur le thème de leur choix : animaux, océans, paysages, planètes, camions, voitures et même des personnages animés. Parfois, ils me demandent : « Dessine-moi ce que j'aimerais le plus avoir, l'endroit où j'aimerais le plus aller », sans autre précision. Je ferme alors les yeux, et une image arrive dans ma tête. Je laisse ma main glisser sur la petite feuille et trace ce que mon intuition me dicte. Je ne comprends pas pourquoi ils veulent que je dessine ce qui est dans leur cœur, mais c'est grâce à eux que je déjoue mes harceleurs.

Malheureusement, le plus pénible est l'autobus, où il est impossible de les éviter. De plus, Gisele m'avertit :

– Michelle, tiens-toi loin de moi. Et ne t'assois jamais à côté de moi.

Aux danses scolaires, c'est pareil, elle apprend la survie :

– Reste loin de moi. Si tu ne m'approches pas, ils sont gentils avec moi.

Je ne lui en veux pas, mais son attitude me déchire le cœur.

Hélas, je ne peux vivre constamment dans ce beau sous-bois et écouter les merveilleux messages que la voix me transmet, je dois aller à l'école. Et c'est de plus en plus difficile de vivre entre ma réalité intérieure et le monde extérieur.

J'en parle à mes parents, mais ils sont trop préoccupés par leurs propres problèmes. Alors, je partage avec ma mémère ce que j'endure. Elle me propose de vivre avec eux pour que je puisse terminer mon secondaire.[11] Ils habitent dans la petite ville de Campbellton. Malheureusement, mes parents refusent, pensant qu'il s'agit d'un caprice d'adolescente.

Juin 1975 – C'est décidé !

Je termine ma neuvième année avec un beau bulletin de réussite qui me promeut en dixième année. Ma décision est prise : je ne retournerai pas sous leur emprise. Je prépare un plan pour cette année : je garderai mon petit frère pendant que maman travaille. Lorsque j'aurai 16 ans, le 25 décembre 1976, je pourrai trouver un emploi. Les cinq voisins auront presque tous terminé l'école. Ainsi, je souhaite qu'ils m'oublient, alors je retournerai en classe et compléterai mon secondaire. Mon rêve est de devenir architecte, et je pense que ce ne seront pas ces quelques années de retard qui m'empêcheront de le réaliser et de rejoindre l'université.

---

11. Au Nouveau-Brunswick, le système scolaire est divisé en quatre secteurs : préscolaire (maternelle), primaire (1re à 6e année), intermédiaire (7e à 9e année) et secondaire (10e à 12e année). Après le secondaire, l'élève peut choisir d'aller étudier directement aux universités du Nouveau-Brunswick, et ou dans une des autres provinces du Canada.

Été 1975 – Mayo
Je partage mon plan de ne pas retourner à l'école avec mon ami d'une autre époque. Je ferme les yeux. Je respire lentement. Je m'enveloppe des rayons du soleil et du calme du ruisseau. Puis, dans ma tête, j'entends sa voix. Il ne semble pas approuver ma décision :

– Tu changes le chemin de ta destinée. Le temps est très limité dans ta dimension actuelle. Si tu perds trop de temps, tu ne pourras pas arriver à faire ce que tu dois.

Je ne comprends pas ce que les mots « dimension actuelle » signifient. Je commence à perdre patience. Oui, il est beau parleur, il m'encourage toujours, il me dit que je suis importante pour moi-même, pour les humains et pour eux, mais il ne comprend pas que je ne peux plus encaisser les tourments et l'intimidation. Après tout, il est juste une voix dans ma tête.

– Si tu veux que je t'écoute, dis-moi au moins ton nom.

Un grand silence s'abat sur moi. Une douce brise caresse ma peau. Les feuilles des arbres tournent sur elles-mêmes. Je ressens une présence à ma gauche. Je garde les yeux fermés. J'entends un son résonner lentement dans ma tête, venu de loin :

– Mayo.

– Mario ?

– Non.

– Maillot ?

– Mayo.

Puis il ajoute :

– Viendra un jour où tu entendras en toi le son de ce mot. Lorsque ce jour viendra, tu sauras qui je suis. Tu comprendras que nous sommes toujours avec toi.

Ce soir-là, je regarde dans le dictionnaire et cherche la signification du mot « Mayo ». Il n'y a rien, sauf « mayonnaise ». Je me sens encore plus désorientée.

C'est en écrivant mon livre des décennies plus tard que je trouve enfin la signification : « Mayo » désigne un cours d'eau qui se jette dans un autre cours d'eau (affluent). Aussi étrange que cela puisse paraître, ce fut une révélation pour moi, car je compris alors que nous sommes tous reliés énergétiquement et pas uniquement pendant notre vie sur la Terre. En effet, chacun a choisi de vivre une destinée sur les plans terrestre et spirituel, écrite bien au-delà de notre compréhension humaine, en étant accompagné par une famille céleste et des guides spirituels, qui peuvent se manifester à nous par des vibrations, des sons, des fréquences, voire sous d'autres formes, tel *un cours d'eau qui se jette dans l'immensité des énergies supérieures interreliées entre elles*. Voilà ce que signifie « Mayo », pour moi – et pour nous tous.

Chapitre 7
Seule tu combattras

Hiver 1976 – Premier émoi
Le lendemain de mes 16 ans, je débute mon premier emploi en tant que caissière dans un restaurant Kentucky Fried Chicken. Je travaille de longues heures au salaire minimum de l'époque : 2,10 $/h. Toutes les fins de semaine, je remplace mes collègues. L'école et mes trois amies me manquent tellement ! Et je boude Mayo.

Lors d'un soir de tempête, entre dans le restaurant un jeune anglophone. Par la suite, il revient presque tous les soirs lorsque je travaille. Il mange au comptoir et nous discutons de tout et de rien. Il est gentil, poli et semble curieux. Durant ces longues soirées d'hiver, nous développons une belle amitié, malgré la barrière linguistique.

Au printemps, il me demande si je veux aller au cinéma, et j'accepte. Nous nous rencontrons avec un dictionnaire afin d'apprendre la langue de l'autre. Tout se déroule avec respect. J'aime sortir avec cet ami et sa présence me fait oublier que je m'ennuie beaucoup de l'école.

Malgré tout, je réalise que j'ai probablement fait le mauvais choix d'entamer une deuxième année sabbatique et je cherche un moyen de terminer mon secondaire en cours du soir.

Printemps 1978 – La voie sans la voix
Après une année de fréquentation, mon ami anglophone me demande en mariage. Je ne sais quoi répondre. L'angoisse monte en moi. Je doute. J'ai maintenant mes cours du soir et

je pense encore à l'université. Lui a quatre ans de plus que moi et est répartiteur d'appels pour une entreprise de taxis de Campbellton. Il travaille surtout en soirée et de nuit. Il aime ce genre de vie. Les études ne lui disent rien. Lorsque je lui en parle, il me répond toujours la même chose : «The only things I need are a roof over my head, a bed to sleep in and a case of beers in the fridge.»[12] Il ne s'est jamais caché derrière de fausses prétentions en me partageant ses buts dans la vie. Ceux-ci sont très différents des miens.

Je décide de communiquer avec Mayo. Il y a longtemps que je n'ai pas agi de la sorte. Je ne voulais même plus le faire. Pourtant, aujourd'hui, j'éprouve le besoin de savoir ce que mon ami d'une autre époque pense de ce mariage. Je me rends près du ruisseau, m'assois sur le sol et ferme les yeux. Je respire lentement. Je peux entendre les oiseaux chanter. Oh, que cet état m'a manqué !

– Mayo... Mayo... Est-ce que tu m'entends ?

Il arrive. Il m'offre ses salutations, comme si rien de particulier ne s'était passé. Il commence à me parler de toutes les belles choses qui sont dans la nature et me répète combien je suis importante. Je lui pose ma question :

– Mayo, je me marie. Qu'en penses-tu ?

Il semble très contrarié. Même le ton de sa voix change :

– Tu ne comprends donc pas ? Les humains possèdent deux mains et dix doigts. Chacune doit joindre la main de l'autre. Chaque doigt doit s'unir avec chacun des doigts des mains opposées, comme des mains en union. L'énergie doit circuler entre les deux personnes. Chaque humain doit avoir au moins

---

12. « Les seules choses dont j'ai besoin sont un toit sur ma tête, un lit pour dormir et une caisse de bières dans le réfrigérateur. »

dix points en commun pour grandir ensemble et vivre une relation en harmonie, et c'est à peine si tu en as deux ou trois avec lui. Tu ne dois pas te marier.

– Pourquoi pas ?

– Si tu le fais, nous resterons dix ans sans pouvoir communiquer.

– Et qu'est-ce que ça va changer à ma vie ?

– Tu ne pourras pas accomplir les choses que tu dois faire. Tu ne pourras pas les aider.

– Aider qui ?

– Les humains.

– Alors, parfait ! Je veux juste avoir une vie normale. Je ne veux plus rien savoir de toi. Ni des autres qui sont comme toi, pas réels.

– Te marier provoquera des évènements dans ta vie que tu ne pourras pas arrêter. Et nous ne pourrons pas t'aider pendant ce temps. Tu seras seule au combat. Dans un monde opposé et froid à ta destinée.

Frustrée, je lui réponds :

– Eh bien, je m'en fous ! Je veux juste vivre ma vie.

– Ta vie sera difficile si tu choisis de te marier avec lui.

Il répète :

– Nous ne pourrons pas communiquer avec toi pendant dix ans.

Il continue :

– Rappelle-toi. Le combat sera très difficile. Tu seras seule.

Je pars du ruisseau et n'y suis plus jamais retourné. Quelques fois, j'ai tenté de le contacter, mais ce ne fut pas possible durant cette période houleuse de ma vie amoureuse. En juillet 1978, je me marie avec cet ami anglophone, pour saboter ma relation spirituelle avec les êtres tels que Mayo. Aujourd'hui, je peux avouer que cette partie de ma vie fut, comme annoncé, très difficile.

Hiver 1979 – Lui, déjà
C'est un soir de fin de semaine, vers 22 h 30. J'attends les clients réguliers qui arrivent par train, mais un inconnu attend patiemment sa commande. Il a de beaux cheveux noirs frisés. Il ne parle pas. Assis à la petite table à deux chaises près de la grande vitrine, il me regarde du coin de l'œil. J'ai le sentiment de le connaître, comme un air de *déjà-vu*, ce qui me dérange. Sa présence me fait me sentir bien, en paix. Je ne comprends pas pourquoi. Après avoir acheté son casse-croûte, il retourne vers la gare. Où va-t-il ? Je l'observe partir. Cela me fait bizarre. Comme si je devais le retenir. Hélas, je suis trop timide pour oser lui parler. Quelques mois plus tard, il revient. Et se produit exactement le même scénario.

Malheureusement, ni lui ni moi ne profiterons de ces deux occasions pour nous rapprocher. Nous avions d'abord besoin de régler, chacun de son côté, des empreintes-mémoires de certaines de nos vies antérieures.

Au restaurant, ses visites venaient du fait qu'il étudiait à l'université de Moncton, au Nouveau-Brunswick. Il prenait le train pour aller visiter ses parents à Price, dans son village natal du Bas-Saint-Laurent, au Québec. Il s'écoulera quatorze ans avant de nous retrouver.

Chapitre 8
N'oublie jamais tes racines

1985 – Pratique énergétique

J'ai 25 ans et occupe un poste de gérante pour *Reitman's*, une boutique de vêtements pour dames et enfants. Elle est située dans un centre commercial tout près de Campbellton. Depuis huit ans, j'ai gravi les échelons avec facilité et ma réussite est reconnaissable auprès de ma fidèle clientèle et de mes vingt-cinq employées. La boutique est prospère et mes revenus en sont la preuve.

Ayant une formation dans le domaine de la vente directe, j'ai les connaissances nécessaires pour répondre aux besoins de l'entreprise. En plus, j'ai suivi les précieux conseils de ma grand-mère paternelle : « Apprends l'anglais, mais n'oublie jamais tes racines. » Ainsi, je multiplie les ventes comme les récoltes d'un grand jardin, en m'assurant que chaque client francophone ou anglophone reçoive un service de qualité dans sa langue maternelle. Le succès est au rendez-vous.

Je forme mes employées dans cette optique et, sans le réaliser, j'utilise la même énergie que lorsque je dessinais les désirs et rêves de mes camarades de classe. Elle me sert aussi pour déterminer les besoins de mes employés, grâce à ce que je considère alors comme un don, qui entre dans ma vie sans y avoir été préparée.

Tout commence lorsque j'offre un *nettoyage énergétique au corps éthérique* à l'une de mes collaboratrices, qui souffre souvent de fortes migraines et de douleurs dans le dos, que rien n'apaise. Le corps éthérique est le premier corps subtil autour du corps physique. Il est son double énergétique, le témoin de son état vital.

À plusieurs reprises, lorsqu'elle arrive au travail, je distingue une brume grise autour de sa tête, parfois opaque ou entremêlée d'autres couleurs. Lorsque je m'approche d'elle et lui parle, son état s'améliore. Je ne comprends pas pourquoi, mais elle me confirme que la douleur la quitte presque à chaque fois que je suis près d'elle.

Après plusieurs discussions, je décide de prendre quelques minutes avant son quart de travail pour découvrir si c'est vraiment mon contact qui diminue ses douleurs. J'avoue être sceptique et ne veux pas créer de faux espoir.

Tandis qu'elle s'assoit sur une chaise, je me lave les mains puis me place derrière elle, en levant les bras au-dessus de ses épaules. Lentement, je glisse les paumes vers le dessus de sa tête, à quelques centimètres de sa chevelure, dans la zone où se forme la brume grisâtre.

Je ressens un léger courant électrique qui circule sous mes paumes avant de toucher ses cheveux. Il passe de tiède à très chaud, de froid à glacé. Il y a aussi une petite brise semblant venir de nulle part. Je ferme les yeux. Je vois où la réparation doit être faite. Entre chaque glissement de mains, je ressens le besoin de «vider l'énergie recueillie» vers le sol. Elle pèse lourd dans mes paumes. Après l'expérience, qui a duré cinq à dix minutes, je *dois* les laver.

Le résultat s'avère positif et, pour mes employés, c'est une ouverture un peu mystérieuse vers ce que nous nommons aujourd'hui les « soins énergétiques ». Toutefois, nous décidons de garder secrètes ces pratiques, car la mentalité rigide de notre société religieuse et rurale ne les aurait pas vues d'un bon œil.

Durant cette période, je suis débordée par le travail, mais il me manque quelque chose dans ma vie personnelle et je n'arrive pas à identifier ce vide intérieur. Je commence quelques formations en développement personnel. Quelques-unes attirent mon attention plus que les autres, dont la sophrologie.[13] Je suis impressionnée de découvrir que j'ai de la facilité avec les exercices de visualisation. J'apprends beaucoup sur les chakras, les nadis[14] et les corps subtils. Tout à coup, la vie semble moins vide.

Cependant, mon mari n'est pas ouvert à ma nouvelle passion et se moque de moi sans ménagement. Il déclare que ce sont des « niaiseries et des superstitions », que ces exercices vont me laver le cerveau. Je réalise que je ne peux pas partager les bienfaits de mes découvertes spirituelles et trouve très difficile de ne pouvoir m'exprimer avec l'homme qui fait partie de ma vie depuis presque dix ans... J'ai l'impression que nous n'avons plus de centres d'intérêt communs. Peut-être n'en avons-nous jamais eus...

---

13. La sophrologie emploie un ensemble de techniques qui vont à la fois agir sur le corps et sur le mental. Elle combine des exercices travaillant à la fois sur la respiration, la décontraction musculaire et l'imagerie mentale (ou visualisation). Toutes ces techniques permettent de retrouver un état de bien-être et d'activer tout son potentiel.
14. Nadis : de racine sanskrite, ce mot signifie « mouvement », « vibration ». C'est un méridien du corps humain, comparable à ceux de l'acupuncture par lesquels circule l'énergie vitale. Il en existe symboliquement 72 000, voire 350 000, ce qui signifie que chaque endroit de l'organisme est sensible pour capter l'énergie.

1986 – Enfin l'éveil ?

Grâce à ma merveilleuse équipe, complice de notre réussite, j'éprouve un sentiment d'appartenance et d'accomplissement professionnel, qui me reconnecte avec moi-même, avec cette partie que j'ai refoulée au plus profond de mon jardin secret, une sorte de joie intérieure qui anime les mémoires de mon enfance. Je me souviens de François, de Mayo et des grands êtres bleus. Mayo serait-il mon protecteur entre les mondes et le lien affectif avec ma famille céleste ?

J'ai l'impression de baigner dans une forme d'éveil spirituel. Malheureusement, quelque chose m'empêche de le vivre pleinement : je suis tourmentée, en conflit permanent entre l'intérieur et l'extérieur de moi, car ma vie de couple m'empêche de m'épanouir dans cette dimension terrestre.

Et si Mayo avait eu raison ? La gorge me serre et un profond sentiment de solitude m'envahit. Ai-je commis une erreur en refusant de maintenir la communication avec les êtres de l'au-delà ?

Je me noie

Devenue une workaholic,[15] je travaille de cinquante à soixante heures par semaine. Ma vie professionnelle va très bien, mais mon couple est une catastrophe. Personne ne sait que derrière ce beau sourire, ces yeux de la couleur d'un diamant bleu et cette femme d'affaires en tailleur, talons aiguilles, coiffée d'une longue chevelure jusqu'aux hanches, la petite Michelle sombre dans un océan de larmes et de tristesse, un mal de vivre épouvantable.

---

15. Workaholic : toute personne développant une forme de dépendance au travail.

Je me noie dans le travail pour oublier, oublier que j'ai épousé un homme pour de mauvaises raisons. Il travaille de moins en moins et préfère passer ses étés à se faire bronzer, se promener à vélo et s'amuser.

Toutefois, le plus discrètement possible, je m'autodiscipline à construire une barrière mentale de survie vis-à-vis de lui. Je me motive en me disant qu'il y a d'autres couples comparables au nôtre et que rien n'est parfait dans ce monde. Je m'encourage en constatant qu'au moins, je connais mon seuil de tolérance : jamais je n'accepterai de vivre l'infidélité ou la violence corporelle.

Malgré tout, vivre avec un homme absent qui se révèle davantage un cochambreur qu'un amoureux me détruit à petit feu. Nous n'avons aucunement les mêmes ambitions ni les mêmes goûts. Nous passons notre temps à nous quereller. Je ressens de plus en plus un étau se resserrant sur ma gorge. Je pleure… et refais mon maquillage.

Chapitre 9
Mystique musique et protection du grand guerrier

Printemps 1986 – Première mélodie

J'habite dans une jolie maison préfabriquée, que j'ai fait livrer à la campagne, dans le même rang où j'ai grandi. Tout est neuf. L'ayant choisie moi-même, je m'y sens bien. En hiver, mon père, ce fidèle ami, me conduit souvent au travail, car je n'aime pas conduire sur les routes serpentées de Val d'Amour. Ma mère est intervenante en gériatrie. À la maison familiale, il reste le plus jeune de la fratrie, désormais un adolescent de 14 ans.

Je suis toujours avec ce mari, qui s'est trouvé un emploi de nuit comme pâtissier. Je n'en reviens pas. Cela fait au moins un an qu'il occupe le même travail. Je me demande ce qui peut le motiver. Nous nous voyons rarement. Moi, je suis toujours dans le continuum des longues heures à la boutique et mes *activités New Age*,[16] comme il les nomme et qui, d'après lui, contribuent à me laver le cerveau.

C'est ma journée de congé. En ce mercredi matin, je fais un peu de ménage. Tout à coup, j'entends un son semblable à celui d'une flûte. C'est une douce mélodie semblant venir de loin. Je m'approche de la fenêtre et tends l'oreille. Le battement d'ailes

---

16. La New Age musique est un genre musical visant à proposer une ambiance artistique, relaxante et optimiste. Elle est principalement jouée lors de séances de yoga, de massage, de méditation et de lecture, afin d'évacuer le stress, mais aussi pour diffuser une atmosphère apaisante, dans un foyer ou un autre environnement. Elle s'associe à l'environnementalisme et à la spiritualité New Age.

d'une mouche m'empêche d'entendre cette musique merveilleuse. Lorsque je centre mon attention sur le vol de la mouche, je n'entends plus la flûte, et inversement. Je n'en reviens pas. Je réalise alors que ce *son de flûte* provient de moi !

Afin d'avoir son avis sur ce que je suis en train de vivre, je téléphone à la dame qui m'a enseigné la sophrologie.

– Michelle, tu es chanceuse. Ce qui t'arrive est rare. Normalement, cela se produit chez les personnes vivant en isolation, hors de la société. Je ne peux expliquer pourquoi tu reçois ce privilège, d'autant plus que tu es une personne rationnelle œuvrant dans le milieu des affaires, pas dans celui de la spiritualité. C'est un grand cadeau réservé aux maîtres, aux *senseis*,[17] aux enseignants qui ont une mission de vie spéciale. Il se déclenche souvent en milieu communautaire, comme dans les ashrams.[18] Certaines personnes doivent se réincarner plusieurs fois avant d'entendre cette musique.

– Je ne sais quoi penser, d'autant plus que je comprends qu'il faut travailler fort et faire des sacrifices pour mériter ce privilège. Des personnes se sont-elles réincarnées plusieurs fois avant de vivre un tel bonheur ? Cela me dépasse. Je ne savais pas qu'on peut revenir vivre sur terre à plusieurs reprises. On m'a répété qu'on ne vit qu'une seule fois, puis, après la mort, on va en

---

17. *Sensei* est un terme japonais désignant « celui qui était là avant moi, qui est garant du savoir et de l'expérience d'une technique ou d'un savoir-faire », ou, de manière plus condensée, un maître qui donne son enseignement à un élève. Dans son utilisation habituelle, il est utilisé pour s'adresser à un professeur ou enseignant ou encore à un médecin, et pour s'adresser à un artiste reconnu.

18. *Ashram* désigne un lieu en Inde où les disciples vivent autour d'un maître, un ermitage destiné aux exercices spirituels où le guru (maître) vit avec ses disciples.

enfer, au Paradis ou dans les limbes.[19] Que dois-je faire quand j'entends ce merveilleux son ?

– Médite et remercie Dieu.

Nous nous quittons sur ces derniers mots. Je me sens encore plus confuse. J'ouvre le dictionnaire et lis la définition de « méditer ». Comme par réflexe, je regarde mes yeux dans le miroir. Ils brillent tels des diamants bleus ! J'ai de la difficulté à me regarder. C'est presque transparent, et une lumière blanche émane de la profondeur de mes orbites.

Je me couche pleine d'une énergie que je n'arrive pas à comprendre. Plus je me détends, plus j'entends ce doux et constant son de flûte. Mon corps se relaxe et je m'endors d'un sommeil réparateur. Le lendemain, je me réveille en retard pour le travail. Je ne peux toujours pas me regarder dans le miroir. Comment vais-je faire à la boutique ? Mes collègues vont-ils remarquer ce changement intérieur à travers mes yeux ?

Cette première journée sera l'une des plus difficiles : je m'adapte à entendre constamment le son d'une flûte à mon oreille gauche tout en devant me concentrer sur mes tâches. Cette nouvelle situation me force à développer une structure disciplinaire émotionnelle et mentale. Durant la journée, je vois des détails et des reflets de lumière encore plus fascinants qu'auparavant. Maintenant, ce n'est plus juste au-dessus des têtes que je distingue des couleurs intenses : c'est partout ! Et si je lève les yeux et porte mon regard vers celui de l'autre, son état d'âme m'est transmis. Progressivement, j'accepte de vivre avec cette aptitude.

À ma grande surprise, j'entends aussi les plantes me parler

---

19. Les limbes sont l'endroit où les justes de l'Ancien Testament attendaient la venue rédemptrice du Christ, séjour de félicité naturelle des enfants morts sans baptême.

« sans dire un mot ». Elles m'envoient des signaux tels que « J'ai soif. » Souvent, je rêve à des évènements qui se produisent dans les jours suivants, et mes voyages astraux me conduisent dans des endroits féeriques. Je ne comprends pas ce qui m'arrive.

Mars 1988 – Apparition pharaonique
J'ai 27 ans. C'est la nuit, je suis couchée dans un lit d'hôpital. Je pleure toutes les larmes de mon corps : je viens de faire une fausse-couche. Ce fœtus de quelques mois ne faisait pas partie de mes plans de vie avec ce mari. Prendre conscience de ce petit être qui m'a habitée et du vide que son départ crée en moi est une émotion difficile à décrire. Je lui donne néanmoins un prénom : Vincent. Je demande à son ange gardien de l'emporter dans la lumière du monde céleste. Je continue d'entendre le merveilleux son de flûte, mais il semble de plus en plus faible. Je tends l'oreille, et m'endors sur cette mélodie.

Une immense lumière dorée me réveille, directement au-dessus de mon lit, à environ un mètre. J'attrape mes lunettes. Je regarde l'heure sur ma montre : 5 h 40. La lumière flotte tout près du plafond à ma droite et se transforme en un être recouvert d'or. Il est immobile, sa physionomie est imposante, avec des épaules solides sur une poitrine large. Il porte un long chapeau. À la place de ses yeux, j'ai l'impression de voir des lapis-lazuli. En bas de la joue droite, près de la bouche, une petite forme ressemble à une mouche. Je détaille les traits de son visage et les mémorise. Son regard me traverse le cœur. De lui se dégage un amour infini, comme je n'en ai jamais ressenti.

Puis, sans que ses lèvres bougent, je l'entends me dire :

– Utilise ta musique pour te guérir. Après, va aux autres. Si les médecins d'aujourd'hui utilisaient mieux leur musique, ils auraient moins besoin de couper.

Il insiste :

– Utilise ta musique pour te guérir. Après, va aux autres.

J'ai l'impression que ses phrases sont traduites, car il les prononce lentement. Ses mots m'enveloppent, je ressens une forme d'énergie qui se déverse dans mes veines. Je me rappelle alors que cette voix sonne comme celle de mon ami « d'une autre époque », Mayo.

Subitement, j'ai un déclic : il a la forme physique des rois d'Égypte ! J'ai déjà vu des représentations dans les encyclopédies. Le son de flûte est plus fort que jamais.

Comme sur un écran, il me montre des mains portant des gants chirurgicaux et un visage caché sous un masque. Il continue :

– Viendra un temps où tu reconnaîtras ces mains et ces visages cachés. Ce sera le temps pour aller vers les autres.

Même s'il ne m'en a montré qu'un seul, il annonce ensuite qu'il s'agit de « visages cachés » au pluriel.

L'intensité de cette visite est tellement puissante que je m'évanouis, comme si l'air me manquait. Lorsque j'ouvre les yeux, il a disparu. Toutefois, sa présence et son amour sont encore palpables en moi – et pour toujours. Je ressens comme un dôme couvrant ma chambre d'hôpital, et je suis entourée d'une lumière bleue qui ne me quittera pas durant toute cette période – à l'époque, je la vois distinctement, tandis qu'aujourd'hui, je continue de la ressentir mais en devant fermer les yeux pour la « voir ». Jusqu'au matin, je me pose des questions : pourquoi recevoir la visite d'un pharaon d'Égypte ? Pourquoi ces messages qui ne font aucun sens dans ma vie ? Je me réconforte en pensant à… Mayo. Tout-à-coup, je me rappelle ce qu'il m'avait annoncé : « Nous ne pourrons pas communiquer pendant dix ans. » Or, cela fait… dix ans, ce qui me remplit d'émotion.

À 26 ans

Chapitre 10
Deux mois à vivre

Impossible de survivre

Enfin, le jour se lève. Je n'ai pas fermé l'œil depuis la visite du pharaon. J'attends avec impatience celle de mon médecin de famille, le Dr Delbé Robichaud, et du gynécologue, le Dr Vogue. Ils pourront me dire si je souffre d'une maladie mentale, parce qu'aucune autre réponse n'a de sens pour moi. En effet, il m'est impossible d'accepter cette expérience, ma raison s'y refuse, je reste dans le déni pour paraître normale, malgré les événements extraordinaires déjà vécus depuis l'enfance.

Avant l'arrivée des médecins, je décide de ne pas parler de l'événement de la nuit, seulement de la flûte. Au seuil de la porte, ils consultent mon dossier et échangent entre eux. Je ressens une grande tension. Enfin, ils entrent et s'approchent de mon lit. Je remarque une grande tristesse dans leurs yeux, qui évitent mon regard. Je les interpelle :

– Je suis malade.

Le Dr Robichaud me demande :

– Pourquoi le penses-tu ?

– Depuis presque un an, c'était au printemps 1986, j'entends un son de flûte. Et il est revenu très fort la nuit dernière. D'après moi, j'ai une maladie mentale. Regardez-moi : mes yeux brillent comme des diamants. Vous le voyez ?

Les deux médecins me répondent :

– Oui. Effectivement, ils brillent beaucoup.

– Je vous jure que je ne prends aucun médicament, aucune drogue ou alcool, je n'ai jamais touché à rien de tout ça. Je n'ai jamais fumé. En quelques occasions, j'ai bu de la bière et du vin, mais c'est tout.

– Michelle, nous te croyons. Et nous le savons parce que tous les résultats des tests et les notes des rendez-vous qui sont dans ton dossier médical, en date de nombreuses années, nous le confirment. De quelle oreille entends-tu ce son de flûte ?

– L'oreille gauche.

Le Dr Vogue me répond :

– Cela confirme ce que je pensais. Michelle, as-tu déjà entendu dire que ce que tu viens de vivre arrive aussi à d'autres personnes ? Sais-tu qu'il y a des gens qui peuvent voir des couleurs, entendre des voix et même de la musique ? Et qu'ils peuvent rêver, ressentir ou voir de grands tunnels ?

– Il faut que je sois malade dans la tête pour vivre ces choses-là. Lorsque j'étais petite, je traversais souvent un grand tunnel multicolore. Je pensais que tout le monde le faisait, comme moi. Maintenant, je sais que j'ai une maladie mentale… Depuis que je suis née.

Le Dr Robichaud me répond :

– Michelle, tu as raison. Tu es malade, mais ce n'est pas dans ta tête. Elle est en parfaite santé. C'est ton corps qui est très malade.

– Alors, il n'y a rien, là ? Si ma tête n'est pas folle, vous allez me soigner et mon corps va guérir.

– Hélas, ce n'est pas possible. D'après les résultats des tests sanguins et des prélèvements des tissus de ton utérus, il ne te reste pas plus de… deux mois à vivre.

J'ose demander au gynécologue s'il est possible de retirer les tumeurs et de refaire l'utérus. Il s'avance vers moi, pose une de ses mains délicatement sur le bas d'une de mes jambes de pyjama et répond :

– Ton utérus est déjà mince comme le tissu de ton pyjama. C'est impossible que tu puisses survivre, parce qu'à un moment donné, les tumeurs vont en percer le mur très fragile et se répandre dans les intestins.

J'écoute à peine leurs propos, comme absente, toujours dans l'énergie de la visite du pharaon, dont je ne leur parle pas. À quoi bon ? Pour qu'ils me prennent pour une folle ?

Je vais mourir
Le pharaon m'a dit « Utilise ta musique pour te guérir », mais une pensée bizarre me traverse l'esprit : puisque je ne sais pas jouer de la musique, ni même lire les notes, comment vais-je apprendre la musique EN DEUX MOIS ? C'est impossible.

Le Dr Vogue continue de me faire réfléchir :

– Michelle, dois-tu faire quelque chose en particulier pour mieux entendre la flûte ?

– Oui. Je ferme les yeux et respire lentement. Au-dessus de ma tête, une couleur bleu royal entremêlée de turquoise, un bleu glacé transparent et lumineux, descend sur moi. Elle m'enveloppe comme une grande couverture de la tête aux pieds, puis je me perds temporairement dans cet état qui est d'un calme, d'une paix et d'un amour incomparable. Et l'envie me prend de fredonner cette mélodie…

– Alors, c'est ce que tu vas faire. Le plus souvent possible, chaque jour. Nous te ferons faire d'autres tests avec le Dr Lee, mais, surtout, ne néglige pas ton exercice.

Bien que les spécialistes sachent que rien ne peut supprimer ces tumeurs et que je serai morte à brève échéance, le médecin me redonne de l'espoir. Toute ma vie, je lui en serai reconnaissante.

Je n'ai que 27 ans, l'annonce de ma mort prochaine ne peut que produire l'effet d'une bombe sur mes proches. Je n'ose pas même en informer mes parents, mais je la partage avec mes meilleures amies, Carole, Kathleen, Lucille, Manon et Nicole, en leur parlant aussi de la visite du pharaon. Malgré la terrible nouvelle, elles sont surprises par l'énergie qui m'habite et la quasi-certitude que je vivrai.

Bonne à enterrer ?
Un mois s'écoule, hypothéquant le temps précieux qu'il me reste à vivre. Chaque jour, je répète mon exercice tel que le Dr Vogue m'a encouragée à le faire. Ce matin, je ressens dans mon ventre un poids très lourd, mais je ne saigne pas et n'ai pas de douleur. Néanmoins, j'appelle le Dr Robichaud, pour qu'il me prépare l'autorisation pour rencontrer le Dr Lee. Au préalable, je dois aller effectuer des prises de sang. Quelques jours plus tard, je suis couchée sur une table d'examen dans une salle de radiologie à l'hôpital. L'infirmière s'adresse à moi :

– Surtout, ne bougez pas. Nous devons vous injecter un liquide pour rendre visible l'intérieur de votre cavité abdominale.

Je me sens bien, car j'ai effectué mon exercice juste avant de venir. Je continue, en fermant les yeux pour écouter ma mélodie. Puis arrive un médecin, le responsable en radiologie. Il consulte mon dossier médical et, semblant très contrarié, il m'annonce dans un anglais difficile à comprendre avec son accent asiatique :

– Vous avez perdu la seule chance de survivre à ce cancer. Vous devriez déjà être sur les traitements. Maintenant, vous n'avez plus de chance de vous en sortir.

Pour la première fois depuis mon séjour à l'hôpital, je ressens tout à coup l'énergie du pharaon près de moi. Je dois parler à ce médecin du son de flûte et du message reçu un mois auparavant. La sensation est trop forte, je ne dois pas résister. D'une voix faible, je prends mon courage et commence à lui raconter pourquoi je ne suis pas déjà en train de prendre les traitements. Il soupire :

– Vous ne comprenez rien, c'est votre imagination. Vous utilisez un mécanisme de défense : le déni. Cela ne vous sauvera pas. La semaine dernière, j'ai eu une patiente qui pensait un peu comme vous. Nous venons juste de l'enterrer. Attendez, je vous montre les radiographies. Je suis presque certain que ce cancer vous ronge déjà les intestins.

Il ajoute :

– Vous êtes chanceuse d'être encore en vie. Restez là.

L'infirmière est témoin de la conversation. Elle ne bouge pas. Je vois un air songeur sur son visage. Le médecin prend les radiographies mais ne me les montre pas. Brusquement, il part avec elles. Sans même me regarder, il revient tenant entre ses mains une grande enveloppe brune. Il déclare en anglais à l'infirmière :

– Que madame se prépare tout de suite à voir son médecin.

L'infirmière m'aide à me relever. Je tremble de partout. L'anxiété m'envahit. Je ne peux plus bouger. Je regrette d'avoir partagé mon histoire avec lui. Il m'a bien dit que j'allais mourir. Pourquoi veut-il que j'aille voir mon médecin de famille tout de suite ? Je suis incapable du moindre pas. Mes forces me quittent. Je pense que je vais m'évanouir.

L'infirmière m'observe, puis, à voix basse :

– Officiellement, je ne peux rien vous dire, mais ne craignez rien. Rappelez-vous ce que vous avez dit au Dr Lee. Dépêchez-vous. Les médecins vous attendent.

L'horloge sur le mur de la salle marque 15 h 30. Je ne comprends plus rien. Je me sens nerveuse et la tête me tourne. Malgré tout, je marche dans ce long corridor jusqu'à ma voiture. Je prends plusieurs respirations profondes. Le son de flûte revient très fort et me détend tout juste assez pour que je réussisse à conduire jusqu'au cabinet de mon médecin de famille. J'ouvre la porte de la salle d'attente, presque toutes les chaises sont occupées. Je m'assois près d'une dame.

Par la grande vitre du bureau, je vois le Dr Robichaud et le Dr Lee rire aux éclats en consultant des radiographies. Je retiens mon souffle, car j'ai l'impression qu'ils parlent de moi. L'horloge dans la salle d'attente indique 15 h 39. Pour moi, le temps s'est arrêté. Une patiente se plaint à voix haute :

– Je ne comprends pas ce qui se passe. Le Dr Lee est arrivé en courant. Il est entré dans le bureau du Dr Robichaud avec une enveloppe brune dans les mains. Depuis qu'ils regardent le contenu, ils n'arrêtent pas de rire. Ce n'est pourtant pas le moment, nous avons tous rendez-vous.

Maintenant, c'est certain, je suis la cause de leur hilarité. Je me sens humiliée. C'est injuste que des médecins se moquent de ma vulnérabilité.

15 h 40 : leur premier cas
Enfin, la porte s'ouvre. Le Dr Lee sort. Il s'arrête devant moi, avec des yeux brillants et le regard solennel. Il m'adresse un salut respectueux que je ne comprends pas. Il incline légèrement le haut du corps vers moi, baisse les yeux vers le sol et place

ses mains sur ses cuisses, avant un signe discret de la tête. Puis il me dit en anglais avec son accent : « Thank you. Thank you. You give me back my faith. »[20]

Puis il part en marchant le dos bien droit, en homme transformé, mais je ne saisis pas pourquoi. En plus, je n'ai rien compris à ses propos. Je demande à la dame assise près de moi :

– Comprenez-vous l'anglais ?

– Oui, très bien, mais ce qu'il vient de vous dire ne fait aucun sens. Il a dit exactement : « Merci. Merci. Vous m'avez redonné la foi. »

La secrétaire appelle mon nom. J'entre dans le bureau. Le Dr Robichaud me fait signe de m'asseoir sur la chaise devant lui :

– J'ai reçu le résultat de ta prise de sang. Le Dr Lee vient de m'apporter lui-même les résultats de l'examen, et j'ai parlé au Dr Vogue. Nous ne comprenons pas comment c'est possible, mais les tumeurs ont changé de place dans ton utérus. Au lieu de continuer vers l'extérieur du mur, et de perforer tes intestins tel que le diagnostic initial l'indiquait, elles se sont regroupées vers le centre de ton utérus. Tu te rappelles que nous t'avions informée avoir enlevé environ une livre[21] de tumeurs dans la paroi du mur de ton utérus lors du curetage ? Eh bien, il s'est formé là, dans la cicatrice, un genre de tissu cellulaire en forme de tige, et les tumeurs se sont dirigées vers son bout, où elles ont pris la forme d'une grosse grappe de raisins. Il en va de même pour les résultats sanguins : les globules nous indiquent une forme de normalité. Nous ne savons pas comment ce processus est arrivé. Toutefois, la bonne nouvelle est que nous pouvons t'envoyer au Dr Rodolphe Maheux, endocrinologue

---

20. « Merci. Merci. Vous m'avez redonné la foi. »
21. 0,454 kilo.

à l'hôpital St-François d'Assise, à Québec. Il pourra enlever la *grappe de tumeurs* et réparer ton utérus. Tu seras la première de cette catégorie dont nous pourrons archiver la documentation avec résultats à l'appui, *avant et après la chirurgie*. C'est une réussite majeure pour le Dr Vogue.

Je lui demande :

– De quelle catégorie parlez-vous ?

– Eh bien, tu avais un cancer au stade 4 dans la cavité utérine il y a un mois. Or, d'après les derniers résultats sanguins, tu n'en es plus à ce stade. Avec la coloscopie, la radiographie et la biopsie liquide, nous sommes certains que ton temps à vivre n'est plus compté tel que nous l'avions anticipé. Imagine que ce sont les dossiers de deux patientes différentes, ce sera plus facile pour toi d'assimiler ce grand nombre d'informations en si peu de temps. Certes, nous savons très bien que tu es la même patiente. Durant nos études en médecine, nous avons entendu parler de quatre cas semblables à l'Université de Dalhousie, en Nouvelle-Écosse, mais nous n'en n'étions pas les témoins directs. Michelle, tu es notre premier cas.

L'échéance des deux mois est dépassée. En juin, je rencontre le Dr Rodolphe Maheux. Il ne me parle pas des tumeurs qui «ont changé de place dans mon utérus», mais se contente de m'informer que la date de l'opération sera en octobre.

Je retourne chez moi et prends sa prescription, en continuant l'exercice avec mon son de flûte. De plus, je suis toujours accompagnée par la lumière bleue. Toutefois, même si je suis consciente que cette façon de fonctionner n'a aucune logique, je porte toute mon attention sur l'ordre du pharaon.

Je commence même à entendre un deuxième son de flûte, plus doux à l'oreille, qui me remplit d'une nouvelle énergie. Ceux de l'autre monde ne veulent pas que je quitte la planète Terre.

Malgré l'inquiétude face à l'inconnu, au plus profond de moi je sais que je serai maman dans cette présente vie et que l'âme d'une précieuse petite fille m'a déjà choisie. Pour le moment, elle n'est pas arrivée dans mon corps physique, je ne sais même pas comment elle y parviendra, mais elle trouvera le moyen.

De l'autre côté du voile, on m'envoie son prénom par l'intermédiaire du son qui lui sera personnel : j'entends trois notes de musique qui sonnent Mé-Lys-Ka.

Octobre 1988 – Opération pyramide
Hôpital Saint-François-d'Assise de Québec. Je me réveille de l'opération. Je touche mon ventre. Il y a un gros bandage dessus. Je lève les yeux et demande à l'infirmière :

– Où suis-je ?

– Vous êtes dans l'unité d'oncologie.

Autour de mon lit, il y a cinq médecins : le chirurgien, le Dr Rodolphe Maheux, et ses quatre stagiaires.

– Bonjour, Madame. Comment vous sentez-vous ? J'ai passé le double d'heures à réparer votre utérus, soit beaucoup plus que ce qui était planifié. D'après les informations que le Dr Vogue m'a transmises, vous êtes la première qui m'arrive du Nouveau-Brunswick, et la quarantième en sept ans à qui je répare l'utérus. Bref, vous n'étiez pas un bon cas : partout dans le mur utérin, il y avait des trous semblables aux cratères de la Lune. J'ai eu besoin de pratiquer deux cents points de suture dans le mur de votre utérus, sans parler des autres points fort nombreux pour le refermer, ainsi que votre abdomen, en raison de la césarienne pour extraire les tumeurs.

Je lui demande :

– Qu'y avait-il dans ces cratères ?

– Rien, mais la paroi était tellement mince qu'elle n'aurait jamais supporté le poids d'un bébé jusqu'à terme.

– Est-ce que je vais mourir ?

– Oui. Un jour, comme nous tous.

Puis il continue :

– Madame, vous devez prendre du repos et ne rien soulever pendant six à huit semaines. Toutefois, dans votre cas, ce sera difficile, parce que vous avez une chance sur deux de survivre à une grossesse. Étant donné que j'ai eu besoin de réparer la paroi utérine en raison des dix-neuf tumeurs pesant environ 15 livres,[22] votre utérus a plutôt la forme d'une pyramide que celle d'une poire. L'extensibilité sera bien moindre.

Je me risque à lui poser une dernière question :

– Dr Maheux, combien y avait-il de cratères vides ?

Il consulte mon dossier médical et répond :

– Dix-neuf.

– Vous avez enlevé le même nombre de tumeurs ?

– Oui, mais il n'y avait aucune tumeur dans le mur de votre utérus, seulement des *trous vides* que j'ai réparés. J'ignore pourquoi ces malformations étaient là. En ce qui concerne les tumeurs, elles étaient groupées sur une sorte de tissu veineux ressemblant à une branche flottante vers le centre de la cavité de votre utérus. Ce fut facile de les enlever.

– Vous me confirmez que c'est bien le même nombre de trous et de tumeurs ?

Il me répond avec impatience :

– Oui, Madame, je vous le répète : 19, mais il n'y avait aucun lien entre les trous et les tumeurs.

---

22. 6,8 kilos.

Il me quitte avec son équipe.

Moi, je connais mon histoire et réalise l'importance de ce qu'il vient d'ajouter : « Votre utérus n'a plus la forme d'une poire, mais d'une pyramide. » Ces mots me donnent des frissons de la tête aux pieds. Je me rappelle la visite du pharaon dans ma chambre d'hôpital à Campbellton. Mon utérus a la forme d'une pyramide… c'est le signe que je dois faire ce qu'il m'a demandé.

***

Quelques années avant le diagnostic de « deux mois à vivre », j'avais reçu une lecture énergétique par un dénommé André Moreau. Il m'avait lu mon futur en regardant dans mes paumes. J'avoue ne pas avoir cru ses mots lorsqu'il m'annonça que, si je réussissais mon examen final, dans ma vieillesse je pourrais établir des contacts planétaires afin d'aider les êtres humains à développer leurs capacités pour utiliser une énergie universelle. Il avait ajouté que les gens viendraient vers moi et que je serais connue « aux quatre coins du monde ». Je me rappelle lui avoir répondu que je ne voyageais pas et que ce qu'il disait ne faisait aucun sens.

Il me répondit que, dans le futur, grâce à un moyen facilitant la communication planétaire, les gens tiendraient ce que je dois leur partager. Quelque chose qui viendrait de moi ? Oui, cher lecteur, ne tiens-tu pas l'un des moyens les plus précieux pour faire circuler l'énergie de ce monde : un livre ?

Chapitre 11
Cadeaux du Ciel

Juin 1989 – Une excellente enseignante tu seras
Enceinte de ma précieuse fille et guidée par le pharaon, je décide de suivre une formation Reiki, une technique de détente. L'enseignante est intéressante et dégage une douce énergie spirituelle.

Il m'arrive un évènement tellement intrigant que je lui en parle lors de la dernière soirée : une lumière violette me suit et tournoie au-dessus de ma tête, juste à l'endroit nommé le «chakra coronal», «couronne» ou «Sahasrara».[23] Cela a commencé après le deuxième jour de formation, ce dont je me suis rendu compte après être rentrée chez moi, en me regardant dans le miroir de la salle de bains. J'ai alors demandé à mon mari Steve s'il remarquait quelque chose. Il me répondit en anglais: « Yes. I see a purple light and it moves when you move. Where else have you been? »[24]

J'interroge ma professeure de Reiki :

– Y a-t-il une lumière violette au-dessus de ma tête qui suit mes mouvements ?

– Oui, c'est étonnant.

– Pourquoi ?

Elle réfléchit un instant :

---

23. « Chakra coronal » désigne la sagesse, l'altruisme, la connaissance de soi, la conscience de l'âme, la connexion spirituelle, mais aussi la source d'énergie universelle. Sahasrara ouvre le mental supérieur pour la compréhension spirituelle et l'expérience de moments de paix.
24. « Oui. Je vois une lumière violette et ça bouge lorsque tu bouges. Où es-tu encore allée ? »

– Parce que tu seras une excellente enseignante et que tu as une mission.

Je lui raconte alors mon histoire, la visite du pharaon, ce qu'il m'a transmis, et comment je suis passée à un cheveu de la mort. Elle m'adresse une salutation semblable à celle du Dr Lee dans la salle d'attente, avant d'ajouter :

– Un jour viendra où tu ne pourras plus cacher ta lumière. Tu dois attendre encore plusieurs années, parce que les gens ne sont pas prêts pour accueillir les informations que tu as à leur transmettre. Lorsque ce sera le moment, ils seront prêts. Il y aura des pionniers et des guides qui les prépareront vers l'ouverture de la compréhension de ces choses dites « spirituelles et mystérieuses ». Nous serons avec toi pour t'aider à accomplir ta mission.

– Dois-je enseigner le Reiki ?

– Toi seule peux savoir dans quels domaines utiliser ta musique pour aller vers les autres. Toutefois, ne t'inquiète pas, tu réussiras ta mission, quel que soit le secteur que tu choisiras. Pour le moment, donne-toi du temps, pratique sur toi la technique de soins, et laisse couler en toi cette merveilleuse énergie.

Cette lumière violette continua de m'accompagner de jour comme de nuit pendant un mois environ, et disparut comme elle était venue, subitement et sans que je sache pourquoi. Ce fut très troublant, car je devais porter un foulard sur la tête chaque fois que je sortais, afin de la cacher. Ce phénomène ne s'est jamais reproduit. À ce jour, je n'ai toujours pas d'explication.

***

À chaque instant, même durant l'épisode de la lumière violette, je ressens la présence rassurante du pharaon et sa protection énergétique. Pourtant, dans ma réalité terrestre, je me questionne au sujet du message que j'ai reçu et la mission que j'ai à accomplir.

1er décembre 1989 – Une merveille tu recevras
Je tiens dans mes bras mon précieux trésor ! Elle est en pleine santé et tellement belle, prématurée de trois semaines et pesant 6 livres et 12 onces.[25] Je savoure chaque moment. Elle me redonne le goût de vivre. Je lui donne le prénom de Mélyska, en l'honneur de sa note de musique. Mon père choisit son deuxième prénom :
– Chantal, c'est beau, c'est doux, cela me fait penser à un chant.

***

Durant ma grossesse, je compose pour mon bébé une berceuse au son de son prénom vibratoire. Je la chante constamment, jour et nuit.
Mélyska... Mélyska...
Toi, mon précieux bébé...
Tu es venue à moi, sur une note de musique
Intergalactique
D'Univers en Univers...
Je t'aime
Je t'aime... Et je t'aimerai toute ma vie !

***

---
25. 2,7 kilogrammes.

Anecdote au présent : en prenant soin de mon petit-fils âgé de 6 ans, il me demande :

– Mémère Michelle, peux-tu chanter la chanson de maman ?

Je lui demande laquelle et il l'entonne de sa douce petite voix. Oh que mon cœur est en joie : c'est la même berceuse que j'ai composée pour sa maman ! Cette petite berceuse a fait son chemin jusqu'à aujourd'hui. Ma fille la chante à ses deux petits. Elle change seulement le prénom. C'est un nouveau don du Ciel.

Chapitre 12
Trahison

Hiver 1989-1990 – Fin de parcours
Malgré ma précieuse Mélyska, je vis une profonde solitude. Le grand pharaon reste à côté de moi, toujours sur ma gauche. Il ne me quitte plus. Il ne parle pas. Il ne me dérange pas. Il est juste là. Sa présence m'apporte du réconfort, mais il fait partie de mon monde imaginaire. Enfin, c'est ce que je crois.

Ma famille ignore ce que je vis. J'ai quelques proches amies, mais je manque de temps pour les voir. Nous partageons de beaux mais courts moments ensemble. Ces visites me font beaucoup de bien. Quant à lui, celui que j'ai épousé, il n'est ni dans ma vie ni dans celle de notre fille. Il travaille toujours de nuit. Je le supplie de changer d'horaire, il me répond que ce n'est pas possible.

Pourtant, je ressens que quelque chose ne tourne pas rond. Tellement affaiblie par l'accouchement, mon moral est au plus bas. Le jour, je regarde dehors : tout est blanc et gris. Ce froid hivernal s'installe en moi. Nous ne possédons qu'une voiture. Alors, en soirée, à partir de 18 h 30, il quitte la maison pour revenir le lendemain matin vers 7 h 30.

Il trouve des raisons pour être absent de nos vies qui me paraissent illogiques. Il désapprouve tout ce que je fais et dis. Il a constamment des sautes d'humeur. Il ne prend jamais le temps pour des repas en famille. Il dort le jour, puis il se prépare pour son quart de travail. Il répète que c'est ma faute s'il doit travailler tous les soirs, et que je n'en suis pas reconnaissante. Je lui demande donc pourquoi son revenu n'est pas plus élevé, et il se fâche. Il crie, me lance des jurons et ne répond jamais à ma question. Je passe donc mes journées, mes soirées et mes nuits seule, en compagnie de mon bébé.

Avant mon congé maternité, j'avais la présence de mes employées et de ma clientèle. Maintenant, je suis limitée aux tâches quotidiennes : le ménage, le changement de couches, les biberons et les nuits blanches à consoler mon bébé. Je dois dormir lorsqu'elle dort, et elle dort peu. Ressent-elle mon angoisse, ma solitude et ma tristesse ?

Je l'aime tellement, ma petite princesse. J'aurais tant voulu que cet homme remplisse son rôle de père et soit dans sa vie, qu'il la prenne dans ses bras et la protège. On dirait qu'il ne veut créer aucun lien d'attachement avec elle. Pourquoi agit-il ainsi ? Elle est tellement belle avec ses beaux yeux bleus, son regard intelligent, ses cheveux blond-roux et sa délicatesse. Je la serre contre mon cœur. Avec elle dans mes bras, le temps s'arrête et je ressens l'amour infini. Elle est ma raison de vivre. Bien qu'il y ait très peu de rires dans notre maison, mes plus beaux moments de joie sont en sa compagnie. Pourtant, lorsqu'elle dort, je pleure toutes les larmes de mon corps, en questionnant les évènements qui ont conduit au chaos dans mon couple.

Mon but est d'obtenir un emploi dont les horaires soient plus flexibles afin de disposer de plus de temps avec ma fille. Alors je quitte mon poste de gérante chez Reitman's. Le choix est difficile, parce que j'aime tellement mon travail. Je m'inscris pour une formation collégiale de deux ans en services d'intégration éducationnelle.

Mon seuil de tolérance à l'égard de ce mariage explose lorsque je découvre son infidélité avec l'une de ses collègues. Cela dure depuis trois ans. J'avais quitté l'école parce que j'étais harcelée, et j'ai l'impression que cela recommence. Le choc est terrible, mais je ne suis plus la petite Michelle délicate. Une énorme colère m'envahit.

Ce jour-là, je réagis avec une force mentale que je ne me connaissais pas. L'énergie monte du bas des pieds jusque dans le dos, puis à la tête.

Je prépare un document légal qui le libère de toute obligation financière et des dettes de la maison. Je lui laisse notre auto, qui est payée, et n'aura pas besoin de verser une pension alimentaire pour Mélyska.

Nous nous séparons légalement et j'obtiens l'annulation de ce mariage.

La force du pharaon guide mes actions et me procure une telle détermination que je ne peux la décrire avec des mots. Ce jour-là, je me fais une promesse : je ne courberai plus l'échine face aux abus et combattrai toujours afin de devenir un modèle de femme.

Chapitre 13
L'amour au-delà des vies

Durant ces défis, l'énergie du grand guerrier est palpable en moi, mais elle demeure invisible à l'extérieur. Cela me rappelle la présence de Mayo. Toutefois, je communiquais télépathiquement avec lui, mais pas avec le pharaon, sauf lors de mon hospitalisation. Ces deux entités ont une énergie semblable, mais je ne sais rien de plus.

Janvier 1992 – Challenge pharaonesque
Un matin, je lance un défi au pharaon :

– Si tu veux que j'utilise ma musique pour aller vers les autres, envoie-moi une personne qui m'acceptera pour qui je suis, qui m'aimera telle que je suis. Je ne peux pas continuer ainsi, c'est trop difficile.

Hélas, il ne répond pas *tout de suite*.

Quelques semaines plus tard, je partage mon histoire mystique avec Carole, l'une de mes amies habitant à Moncton venue me rendre visite. Tout à coup, j'entends en moi la résonance de la voix du pharaon : il m'encourage à lui demander si elle connaît une personne qui pourrait m'aider. C'est la première fois qu'il me guide de la sorte.

Étant donné que Carole suit une formation en techniques de relaxation une fois par semaine à l'Université de Moncton, je lui fais la demande un peu bizarre de m'informer si quelqu'un mentionne l'Égypte, les pharaons ou les pyramides. Mon protecteur est-il en train de relever le défi lancé en janvier ?

Mars 1992 – Impossible n'est pas pharaon

Carole revient durant la semaine de relâche scolaire. Elle me raconte que lors d'une pause pendant sa formation, elle entend une conversation entre une étudiante et leur professeur :

– Monsieur Gagné, avez-vous quelqu'un dans votre vie ?

– Oui, mais je ne l'ai pas encore retrouvée. Je sais que nous avons vécu ensemble en Égypte, à l'époque d'un grand pharaon. Nous fûmes séparés par un cataclysme, mais nous nous sommes promis de nous retrouver dans cette vie. Je sais aussi que je la reconnaîtrai par ses yeux bleus, son sourire et ses cheveux frisés.

Stupéfaite, Carole s'immisce dans leur échange :

– Je pense connaître votre « quelqu'un ». C'est probablement mon amie Michelle. Peut-elle vous téléphoner ? Ainsi, vous pourrez en discuter.

Claude Gagné accepte que je l'appelle, mais il demeure prudent. De mon côté, je m'interroge : et s'il était un homme instable ou profiteur ? Il y en a partout. Cependant, j'ai lancé un défi au pharaon, alors je dois aller au bout et découvrir cet homme mystérieux. Mon amie m'assure qu'il est un professeur de bonne réputation, célibataire et sans responsabilité familiale. Sportif, il voyage beaucoup et a probablement mon âge. Alors je l'appelle.

– Bonsoir, M. Gagné. Je ne veux pas vous déranger, mais je cherche des réponses en lien avec l'Égypte, les pyramides, et un pharaon qui veille sur moi. J'entends aussi un son de flûte… Je vous assure que je suis en parfaite santé mentale. Je ne bois pas, ne prend aucun médicament ni drogue, et ne fume aucune substance. Je veux juste passer à autre chose, trouver des réponses et vivre une vie normale.

Il me répond après une longue pause :

– Eh bien, Madame Parent, observez vos rêves, écrivez les détails, puis, s'il vous arrive quelque chose de différent, rappelez-moi. Merci de m'avoir appelé. Bonne soirée.

Puis il raccroche sans un autre mot.

Sa voix. Ouf ! Calme, profonde et mélodieuse, elle résonne jusque dans mon cœur.

Mai 1992 – Un pont entre deux rives
En plein repassage, je reçois une vision claire : une fourgonnette traverse le pont reliant Campbellton à Pointe-à-la-Croix, au Québec. Je sens qu'il se trouve dedans. Cette situation m'intrigue. Nous sommes vendredi. Le dimanche soir, je ressens encore sa présence, il revient du Québec. Même fourgonnette. Mêmes passagers. Je ne comprends pas.

Il m'a demandé de lui téléphoner si je rêve, mais ce n'en est pas un. Toutefois, je dois savoir si mes visions correspondent à ses déplacements. Il va sûrement me prendre pour une folle...

– Bonsoir, Monsieur Gagné. Excusez-moi de vous déranger, mais j'étais chez moi vendredi soir et je vous ai *vu* traverser le pont de Campbellton, vous alliez vers le Québec. Dimanche, vous l'avez retraversé pour rentrer. Je veux juste m'enlever cette vision de la tête. Et je suis vraiment désolée de vous déranger, mais vous êtes le seul qui puissiez me répondre.

Après une longue pause, il reprend :

– Comment est-il possible que vous m'ayez ressenti ou vu traverser le pont de Campbellton ?

– Voyez-vous, lorsque je parle avec une personne, la résonance de sa voix me met en contact avec son énergie. Dans votre cas, j'ignore si c'est mon imagination.

– Madame Parent, si vous avez une autre vision à mon sujet, vous pouvez me rappeler. Merci. Bonne soirée.

Le son de sa voix réchauffe mon intérieur. Un peu comme la présence du pharaon.

D'ailleurs, depuis que j'ai parlé avec Claude, je ne le ressens plus autant qu'avant. Que se passe-t-il en moi ?

Juin 1992 – Un pont encore plus loin
Le même phénomène se répète, à quelques détails près : un vendredi soir, je le vois conduisant une auto blanche, seul sur le pont vers le Québec. Le dimanche, il revient en direction de Campbellton. Un grand frisson me traverse le dos à chaque fois qu'il emprunte ce pont. Suis-je en train de tomber amoureuse d'une voix ?

Lundi dans la soirée, je l'appelle et vais droit au but, car je dois savoir s'il a traversé ce pont. Encore une longue pause :

– Oui. J'ai donné des formations au Québec.

Je suis sans mot. Je le remercie, lui souhaite une bonne soirée et lui raccroche au nez.

Août 1992 – Écrits du cœur
Je visite un centre de recherches en parapsychologie à Pointe-du-Lac, au Québec. C'est un enseignant à la retraite qui en est le propriétaire, le Pr Rolland Roy.[26] Au téléphone, je lui ai parlé à plusieurs reprises du pharaon, du son de flûte et des forces mystiques qui cohabitent dans ma vie. Toutefois, je ne men-

---

26. Des années plus tard, je reçois en cadeau un livre de Roland Roy : *Quand les hommes vivront d'étoiles – Énergies, spiralogie, chakras, massage, santé*, Éditions Chemins du Roy, 1998.

tionne pas M. Gagné, auquel je ne veux pas penser, puisque je souhaite profiter de ma nouvelle vie de célibataire. Je suis en compagnie d'une amie, Lucille, et de Mélyska, un vrai voyage entre filles.

Rencontre avec le Pr Rolland Roy.
Malheureusement, cet homme extraordinaire est décédé depuis quelques années.

Le Pr Roy m'offre un cadeau inattendu. Il prend mes mains dans les siennes et ferme les yeux quelques instants, puis il me regarde et annonce :

– Michelle, tu as combattu et réussi tous tes examens. Tu as réglé tes dettes karmiques avec l'ex-mari. Tu as été juste envers lui. Tu mérites du beau pour toi et ta petite fille. Ne te ferme pas à l'amour.

Je lui demande de préciser. Il m'explique :

– Pas très loin de chez toi, y a-t-il une ville d'environ 100 000 habitants ?

– Oui, Moncton.

– Prépare-toi. Ton protecteur, le pharaon, a retrouvé la personne qui t'aimera telle que tu es. Il fera tout en son pouvoir pour te permettre de réaliser ta mission dans ta présente vie. Lorsque tu retourneras chez toi, tu recevras une petite lettre de l'homme de ta vie. Vous avez vécu en Égypte et vous vous êtes énormément aimés. Malheureusement, vous avez été séparés. Il fut également le père de Mélyska, il lui a fait la promesse de la retrouver. Enfin, ce sera possible dans cette vie. Vous avez eu besoin de régler beaucoup de dettes karmiques avant de pouvoir vous retrouver ici. Il est professeur et enseigne dans une autre langue. Et je le vois se tenir sur une planche… Il pratique un sport sur l'eau. Vous travaillerez en parallèle, dans des domaines compatibles, en harmonie avec vos destinées.

Lucille, Mélyska et moi revenons de ce merveilleux voyage. Ce que le Pr Roy m'a dit ressemble à un conte de fées. Je partage cette histoire avec mes parents. Nous en rions de bon cœur, car cela ne fait aucun sens.

Toutefois, à ma grande surprise, environ une semaine après mon retour, arrive une petite lettre en provenance de Moncton.

Débute alors une correspondance aux airs de conte de fées, avec des appels téléphoniques jusque tard dans la nuit. Nous échangeons sur de multiples sujets. Claude a une vie complètement différente de la mienne, mais la spiritualité est un point d'ancrage que ni lui ni moi ne pouvons nier. Et plus j'écoute sa voix enchanteresse, plus je rêve de faire sa connaissance. N'oublions pas que, dans ces années-là, internet n'existe pas, alors il est impossible de tricher en allant consulter le profil de l'autre.

Nous choisissons une date de rencontre et prenons la décision de ne pas nous envoyer de photo. Ainsi, nous devrons suivre nos cœurs afin de nous reconnaître.

4 septembre 1992 – Nous vivrons d'étoiles

Je souhaite tester sa capacité télépathique. Alors je choisis deux ensembles tout à fait différents. La veille de notre rencontre, au téléphone, je lui demande :

– Claude, peux-tu me décrire les deux vêtements que je pense porter demain ?

Ce qu'il réussit précisément, de la couleur au style. Ouf ! Là, je suis définitivement intriguée.

Le lendemain, une journée ensoleillée, j'arrive au restaurant vers midi. Je regarde autour de moi, à la recherche de mon mystérieux prétendant. Ma tête me joue des tours et je tente de raisonner mes pensées. Je monte les quatre marches de l'escalier et tourne vers la droite. Un homme est assis à une table lisant un journal. Ce doit être Claude. Je m'approche, il lève les yeux et me fixe d'un regard froid. L'énergie d'amour qui m'habite me quitte, un frisson me traverse le dos. Je réalise que je me suis trompée : cet homme ne peut être Claude. Je rebrousse chemin et redescends les quatre marches.

Tout à coup, l'énergie d'amour revient plus forte que jamais dans mon cœur. Je ferme les yeux et porte mon attention sur cette énergie. Puis je me rappelle ce que Claude m'a dit au téléphone : « Tu auras besoin d'écouter ton cœur afin de me retrouver. C'est un gros test, mais j'ai confiance, tu y arriveras. » Je tourne mon regard, cette fois-ci vers le haut de l'escalier. Il y a une petite table où un jeune homme me regarde.

Je vois une aura dorée autour de lui. Je remonte les marches et avance vers lui. Son regard est doux et plein d'amour. Je sais que c'est Claude.

– C'est toi.

Il me répond de sa voix séduisante :

– Oui. C'est moi.

Puis il me pose la même question :

– C'est toi ?

Je lui réponds :

– Oui. C'est moi.

Je reconnais en lui la même énergie que celle du jeune homme que j'avais remarqué lors des deux courtes rencontres à l'hiver 1979.

Cris du cœur

Après quelques mois de fréquentation, Claude me partage l'un de ses secrets :

– Combien de fois ai-je crié sur la belle plage sableuse de Parlee Beach à Shediac « Où es-tu, ma femme ? », et le vent du sud a emporté mon cri jusque dans le nord, vers toi, Michelle, pour le déposer dans ton cœur et au plus profond de ton âme.

Et moi, de lui répondre :

– Lorsque ma route était sombre, dans ce monde hostile et froid où je vivais la solitude, je disais au pharaon : « Si tu veux que j'accomplisse ma mission d'aller aux autres... envoie-moi une personne qui m'aimera telle que je suis, de tout son cœur et de toute son âme pour l'éternité de nos vies. » C'est ainsi que j'ai reçu mon vœu lorsque mon protecteur entendit le cri de l'homme de ma vie. Toi, Claude.

Chapitre 14
Surprise de pharaon

14 février 1995 – Saint-Valentin à China Town
Je vis en couple avec Claude, cet homme honorable, charmant, amoureux, et qui remplit à merveille le rôle de papa pour Mélyska, âgée de 5 ans. Ainsi, je peux retourner sur le marché du travail pour un poste de direction. Oh, que j'ai besoin de défis à relever ! Je postule un emploi de superviseure au service à la clientèle proposé par une grande entreprise en télémarketing et recherche d'emplois. Je réussis l'entrevue et suis embauchée.

Cependant, je dois suivre une formation au siège social, à Victoria, en Colombie-Britannique. C'est une période de trois semaines où Claude peut m'accompagner, car la compagnie accepte. Il paie son billet d'avion et ses repas, mais habite avec moi à l'hôtel. Mes parents prendront soin de Mélyska. Grâce à eux, je peux suivre cette formation en toute confiance.

En ce 14 février, l'air est frais et humide, les cerisiers sont déjà en fleurs. Je sors de ma journée de formation et marche en talons hauts. Je n'en reviens pas qu'ici ce soit déjà le printemps, alors que, chez nous, il y a au moins 5 pieds[27] de neige. Claude m'attend dans la voiture. Il a préparé un souper en tête-à-tête à China Town. Nous entrons dans un élégant restaurant. Il m'offre un cadeau, un vieux livre usagé en anglais : *Ancient Egypt, its Culture and History*, de J. E. Manchip White, 1970. Je ne comprends pas pourquoi il semble tellement heureux de me l'offrir.

Claude sourit et m'interroge :

– Tu ne regardes pas ton présent ?

---
27. 1,52 mètre.

Alors, je le prends et lis sur la première page le nom de l'inconnu à qui ce livre a appartenu et, dans le coin en haut à droite, un prix écrit au crayon : 4 $. Vraiment ? Je suis déçue de recevoir un vieux livre pour le jour de la Saint-Valentin...

Nous terminons le souper. Poliment, je remercie Claude pour son cadeau et réalise qu'il est peiné que je ne l'apprécie pas à sa juste mesure. Je me lève et me dirige vers la sortie tandis qu'il paie l'addition. Je l'attends sur le seuil du restaurant. Il pleut. Je n'ai pas le goût de parler. Nous nous dirigeons vers l'auto.

J'ai « oublié » mon cadeau sur la table du restaurant, mais Claude l'a pris. Il insiste pour que je regarde au moins les photos en noir et blanc.

Depuis le début de notre relation, j'ai partagé avec lui mon histoire du pharaon, dont je pourrais reconnaître les traits. Il est ouvert à mes mystérieuses expériences, dit que je suis très chanceuse de les vivre et sait qu'un jour, je connaîtrai le nom du pharaon. Moi, je crois que Claude est un doux rêveur. Je demeure la sceptique de notre duo, malgré les beaux cadeaux que la vie m'offre.

Mon amoureux me tend le livre et je lis sa dédicace à mon attention :

Victoria, 13-2-95

Hé oui, je voulais trouver un petit quelque chose et j'ai enfin trouvé. J'ai conduit et l'auto s'est arrêtée devant une ancienne librairie. Cela m'a pris une heure et j'ai « frappé en plein dans le mille », puisqu'avec cette lecture, tu trouveras tes racines. En ce jour de Saint-Valentin à Victoria, mon âme embrasse ton âme. Et je remercie l'Ancienne Égypte qui veut entrer en contact avec nous. N'oublie jamais que, toi aussi, tu me fais vivre de belles expériences.

Je feuillette ensuite les pages de ce vieux livre pour lui faire plaisir. Tout à coup, mes yeux tombent sur une photo. Page 169. 45e illustration. Je tremble, pleure et crie ! Claude me pense malade et arrête l'auto sur le bord de l'autoroute. Je n'arrive plus à respirer ni à parler tellement je pleure. Enfin calmée, je lui explique :

– C'est lui. C'est lui. C'est impossible, mais je suis certaine que c'est lui. C'est le pharaon qui m'est apparu lorsqu'il me restait deux mois à vivre.

En bas de l'image est écrit :
THE PHARAOH TOUTHMOSIS III,
Eighteenth Dynasty.[28]

Thoutmosis III
(extrait de *Ancient Egypt,
its Culture and History*,
J. E. Manchip White, 1970)

Ce cadeau de mon amoureux transforme à jamais ma compréhension des vies antérieures et de leur importance.

***

À partir de ce jour, je sais que si je m'éloigne de ma mission de vie, ce grand guerrier a le devoir de descendre son taux vibratoire jusqu'au seuil de la cinquième dimension pour me remettre

---

28. Le pharaon Thoutmôsis III, de la XVIIIe dynastie. Considéré comme l'un des grands pharaons d'Égypte, c'est un guerrier qui mena de nombreuses campagnes militaires durant son règne de cinquante-trois ans. Il est également l'un de ceux qui auront le plus contribué à bâtir l'héritage architectural égyptien bien connu. Il meurt à 60 ans, en 1425 avant notre ère.

sur le « droit » chemin. Je ne connais précisément notre lien, mais je reconnais en lui un allié unique, toujours présent, car il ne m'a jamais quittée après sa visite à l'hôpital – depuis, il est toujours à ma gauche, à la distance d'un bras. Il se manifeste particulièrement au son d'une nouvelle voix, y compris au téléphone, et n'hésite pas à me mettre en garde contre telle ou telle personne. Quand je lui demande pourquoi, j'entends toujours la même réponse laconique : « Avec le temps, tu verras. »

Samedi 14 décembre 2024
Ce matin-là, je reçois la vision d'une mouche et j'entends l'ordre suivant : « Fais une recherche ! »

Devinez qui me transmet ce message ? Eh oui, mon précieux protecteur, celui qui vint à moi en 1988 sous la forme d'un grand pharaon lorsqu'il me restait deux mois à vivre. Ainsi, je découvre sur internet l'importance du symbole de la mouche dans l'Égypte antique. Par exemple, une reine de la XVIIIe dynastie créa une récompense pour les militaires de haut rang combattant avec un courage extrême et une bravoure inébranlable, dont la représentation était une mouche.

Il est certain que mille autres questions m'assaillent depuis notre première rencontre, mais je ne ressens pas la curiosité de chercher les informations en lien avec les évènements que je vis. D'ailleurs, je laisse venir les réponses. Peut-il en être autrement avec ce qui dépasse l'entendement ?

Lundi 28 juillet 2025
Quelle belle surprise m'ont réservée ce soir Claude et Mélyska ! Ils m'offrent un magnifique médaillon représentant... une mouche de pharaon.

Chapitre 15
Le grand Pharaon comme guide

L'œil d'Horus

Acceptant de mieux en mieux mes contacts avec ma famille céleste, je comprends que je dois partager ce qu'ils me transmettent et donc choisir la formation comme voie professionnelle. Encore faut-il que je commence à me former moi-même. Tandis que j'occupe alors un emploi peu intéressant, le pharaon me conseille de rester : « Sois patiente, tu verras avec le temps quelque chose que tu dois apprendre. » Moins d'une semaine plus tard, le Dr Marilyn Walker, PhD, professeure au département d'anthropologie et d'ethnobotanique à l'Université Mount Allison, à Sackville, Nouveau-Brunswick, embauchée pour développer un programme de classement des plantes médicinales d'une réserve autochtone, et moi, nous rencontrons d'une façon étrange. En effet, mon protecteur m'indique que « la dame au sous-sol est au bord de l'évanouissement » et que je dois immédiatement lui porter quelque chose à manger. Je saisis une pomme et me précipite vers son bureau. Malgré son état, elle marque sa surprise de me voir arriver à cet instant, car comment pouvais-je savoir qu'elle allait s'évanouir, d'autant plus que nous ne nous connaissons pas ? Elle m'annonce déjà : « Nous avons de belles choses à partager. »

Nous sympathisons, et elle me partage son parcours riche et atypique : durant son doctorat, elle effectua des recherches sur les cultures chamaniques et leurs liens spirituels, voyageant beaucoup et vivant des expériences hors du commun d'un bout à l'autre de l'enchanteresse planète Terre, que ce soit en Inde, en Sibérie et jusqu'aux splendides pyramides de l'Égypte.

Quelque temps plus tard, je reçois d'elle par la poste un cadeau exceptionnel : un authentique œil d'Horus provenant de l'Antiquité. Lorsque je l'appelle pour la remercier, elle m'explique l'avoir reçu en remerciement de ses fouilles en Égypte. Cependant, ses guides l'informèrent qu'il ne lui était pas destiné. C'est après notre rencontre qu'elle comprit qu'il était pour moi. Je l'ai toujours, mais ne sais pourquoi il devait m'échoir.

L'œil d'Horus

Le message qui accompagne mon beau cadeau dit ceci (traduction en français) :

Bonjour Michelle,

Ce collier est égyptien (et ce n'est pas une réplique). Je l'ai reçu il y a de nombreuses années, mais je n'ai jamais vraiment eu l'impression qu'il m'appartenait. J'ai dû en prendre soin jusqu'à ce que la personne à qui il appartenait arrive.
En pensée,
Marilyn

L'année suivante, c'est tout naturellement que je décide de suivre son enseignement, dont le programme se déroule sur trois ans, afin de devenir *instructrice chamanisme*. Le but de mon apprentissage est d'acquérir les connaissances nécessaires pour aider à développer notre conscience du monde invisible et vivre en harmonie avec l'esprit de la nature. Je termine ma formation en octobre 2015.

Atelier 1 : Karmathérapie

Après cette formation, je prépare mon projet professionnel grâce à la guidance de mon protecteur. Il est basé sur quatre ateliers ayant chacun une technique spécifique pour rehausser notre taux vibratoire. Le premier, que je nomme *karmathérapie*, enseigne à se libérer des mémoires négatives reliées à nos vies antérieures, afin de guérir les blessures d'un passé ayant encore un impact. Le grand Pharaon m'a expliqué que l'épuisement psychique et/ou physique provoque des formes de sillons composés de particules se logeant dans les espaces vides situés entre le corps éthérique, astral et mental (cf. p. 112). Ensuite, elles continuent leur trajectoire pour atteindre finalement les faisceaux énergétiques situés dans les archives générationnelles nommées « empreintes-mémoires ». Elles sont activées par un événement, une émotion intense et/ou un traumatisme en provenance d'une vie antérieure. Ces influences d'un autre temps peuvent conduire à ressentir le désir inexplicable de faire partie de la vie de l'autre ou, au contraire, de la haine, de la jalousie, du mépris..., sentiments qui diminuent le taux vibratoire.

Il prend l'exemple suivant : si une blessure, une douleur, une colère et/ou une peur similaire à celle d'un passé lointain refait surface, ce contact énergétique provoque inévitablement l'abaissement du taux vibratoire. De ce fait, nous ressentirons le même état de mal-être que dans une ancienne vie. Nous devons donc réaliser la synchronisation des deux hémisphères du cerveau pour remédier au débalancement énergétique psychique et/ou physique du cycle des réincarnations. Pour y parvenir, il faut offrir à l'hémisphère gauche une réponse logique et analytique de la situation, et une technique spécifique de relaxation et de visualisation. Comment ?

Je propose aux participants une liste numérotée de sept sujets, afin d'offrir à leur hémisphère gauche de rationaliser une réponse logique et analytique. Chacun choisit le sujet qui résonne en lui et/ou allume une mémoire, puis inscrit son numéro sur un papier et le place dans un bol. Nous comptabilisons les résultats pour annoncer au groupe lequel des sept sujets servira pour la détente[29] et la visualisation permettant la synchronisation des deux hémisphères (gauche et droit). Cette pratique en groupe permet à chacun de l'utiliser de retour chez soi ou en consultation privée, afin d'approfondir le sujet qui le concerne particulièrement.

Après le voyage intérieur, nous distribuons aux participants un papier et un crayon. En silence, ils dessinent ce qu'ils ont vu et écrivent les messages reçus de leurs guides. Ceux qui le désirent partagent leur expérience avec le groupe.

D'après l'enseignement du grand Pharaon, nous avons la possibilité de modifier le cycle des mémoires de nos vies antérieures et de leurs conséquences sur notre présente vie grâce à des techniques contribuant à rehausser notre taux vibratoire et activer la guérison, notamment cultiver en soi les émotions de joie, de rire et de plaisir... Autre exemple personnel : nous pouvons profiter des prières de l'Empereur Jaune.[30]

D'après mon guide, nous rencontrons dans notre vie trois catégories de personnes influençant notre taux vibratoire :

    1. les alliés, ceux qui ne nous trahissent jamais ;

    2. les neutres, qui choisissent de ne pas nous offrir de soutien ;

    3. les ennemis, qui nous trahissent en gestes et/ou en paroles et/ou en actions.

---

29. Détente : état de relaxation propice à la visualisation.
30. En livre – *Les Prières de l'Empereur Jaune* – ou sur la plateforme NoviMondi.tv (plus de 280 prières).

Ce que nous proposons avec la karmathérapie est activer la prise de conscience pour régler un ou plusieurs liens karmiques. Le grand Pharaon a aussi expliqué qu'à petits pas, nous devenons plus conscients et nous nous libérons de l'emprise de la roue de la réincarnation. Ainsi, nous rehaussons notre taux vibratoire et sortons du cycle des réincarnations, en atteignant consciemment la 5e dimension, là où les guides communiquent avec leurs protégés.

Forts de son enseignement, Claude et moi expérimentons à plusieurs reprises la technique de la karmathérapie avant de la proposer à notre clientèle. Simple, le protocole se compose de deux interrogations :

1. Quelle est ta question ?

2. Pour quelle(s) raison(s) désires-tu découvrir une réponse à cette question ?

Ensuite, la personne est plongée en détente, et la thérapie commence. Voici un exemple où Claude me guide vers l'une de mes vies antérieures après que j'aie énoncé :

– la question : « Pourquoi je me sens isolée dans ma spiritualité ? »

– la réponse que je désire découvrir : « Comprendre ma solitude intérieure, lorsque je ne peux pas parler de mes expériences spirituelles. »

Claude me laisse glisser doucement vers l'endroit où m'attend la réponse à ma question. Je lui décris à haute voix ce que je vis par mes cinq sens. Il me questionne à mesure pour me garder dans la ligne temporelle de ce temps-là.

Séance karmathérapeutique

Dans la première étape de ma détente, j'entends le pharaon me dire : « Tu verras où tu étais 33 millions et 42 années passées. » Je pars donc très loin dans le temps. Je commence à décrire où je suis et la scène que je vis :

Je fais partie d'un équipage de cinq sur un vaisseau de débarquement. En entrant dans l'atmosphère terrestre, observation d'un firmament sombre et brumeux. Nous avons survolé des régions montagneuses et observé de grands glaciers. Il y a des espèces géantes telles que des mammifères ressemblants à des mammouths et des grands oiseaux volants comme d'énormes chauves-souris. Nous venons vérifier s'il y a les minéraux pour le maintien de l'équilibre du champ énergétique de protection de notre planète. Débarquement à un endroit précis. Au loin, je vois l'entrée d'une caverne et peux distinguer une silhouette de genre humain vêtue de peaux d'animaux, qui s'accroupit devant un petit feu. Je m'approche discrètement pour mieux observer. L'être me regarde. Son regard me fait ressentir quelque chose que je ne connais pas. Je réalise que je dois partir rapidement. L'équipe ne doit pas découvrir que j'ai réalisé ce contact avec cet humain. Nous retournons à notre vaisseau.

De retour chez nous, je ne peux me débarrasser de ce regard, qui traverse constamment mon esprit. Je désire découvrir ce que cela signifie. Hélas, je ne peux en parler avec les miens, parce que j'ai désobéi à l'interdiction de contact avec les peuples de la Terre.

Plusieurs mois passent... et je continue de voir ce regard, qui se nourrit de mon intérieur et fait grandir en moi une émotion inconnue. Je ne suis pas né avec la capacité développée de l'empathie. Sur ma planète, cela n'a aucune importance, puisque nous vivons tous en harmonie.

Je me prépare encore à désobéir, en prenant un vaisseau pour retourner sur Terre sans la permission de mon supérieur, afin de rencontrer l'être que j'ai vu et qui m'a transformé. Je transfère l'itinéraire du trajet interplanétaire dans les données de vol.

Dans cette visualisation, je continue de me voir il y a 33 000 042 d'années comme étant ce jeune homme d'environ vingt ans, habillé d'un vêtement d'une couleur métallique, qui semble lui coller à la peau. Il prend place seul aux commandes du vaisseau.

D'un matériau très résistant, l'engin est frôlé par de multiples débris de météorites. Tout va bien jusqu'à son entrée dans la mésosphère. Toutefois, il y a encore plusieurs couches à traverser avant de pouvoir atterrir, et il prend l'allure d'une étoile filante... Enfin, l'atterrissage.

Malheureusement, l'engin est détruit et il ne reste plus grand-chose du jeune pilote...

L'homme de la caverne a tout observé. Il prévient ses amis habitant dans les profondeurs des grottes souterraines. Un petit groupe de grands êtres vêtus de longues tuniques transparentes s'approche des débris. Ils fouillent avec un pointeur énergétique pour retrouver des parties du jeune homme. Un cœur et une oreille sont placés délicatement sur un plateau transparent.

Je les vois passer tout près de l'humain vêtu de peaux d'animal. Maintenant, je constate qu'il n'habite pas seul : il a une femme et deux enfants en bas âge, blottis en silence dans les fourrures près de leur mère. Les grands êtres invitent l'homme et sa famille à les suivre. L'un d'eux touche une grande pierre. Elle glisse vers la gauche, puis se referme derrière eux. Je distingue de grandes marches en marbre descendant vers un endroit qui projette d'immenses lumières sur les murs de l'escalier, et j'entends des sons merveilleux. Il règne la paix et une harmonie vibratoire indescriptibles dans la grande pièce, recouverte de cristaux lumineux chantant des mélodies guérissantes.

Les grands êtres posent le plateau avec l'oreille et le cœur sur une grande table de cristal. Il y a un système de communication entre eux et le vaisseau mère, ce que le jeune homme ignorait. Les grands êtres ont reçu l'ordre d'accueillir ce qui resterait du corps du jeune homme, sachant que son manque d'expérience ne favoriserait pas l'atterrissage.

Maintenant, s'engage un processus de réparation et de reconstruction complet du corps, tant physique que subtil. Je [jeune homme] les entends dire : « Ces étapes seront longues, l'apprentissage pour utiliser les énergies guérissantes pour lui-même et les autres se dérouleront sur des milliers d'années. » Toutefois, en lui est née l'empathie. Un sentiment inutile sur sa planète d'origine mais d'une extrême utilité sur la Terre. Pour cette raison, il pourra développer l'énergie radiante de son cœur et une grande capacité de clairaudience pour guider les humains dans leur évolution spirituelle.

J'entends que ce jeune homme aura à vivre de multiples vies pour intégrer ses dons et apprendre à les utiliser avec empathie pour lui et les autres. Sa désobéissance aussi est sujette à conséquence. Les siens garderont toujours le contact avec lui pour le guider dans sa mission humanitaire, mais il ne pourra pas retourner avec eux avant d'avoir aidé un certain nombre d'humains.

Claude me guide pour revenir dans ma présente réalité. Grâce à ce voyage, j'ai la réponse à ma question « Pourquoi je me sens isolée dans ma spiritualité ? » Tout comme ce jeune homme ayant agi trop vite et de son propre chef, je comprends que je dois être patiente, ce qui témoignera de plus d'empathie et de compréhension de ma part. Aussi étrange que cela puisse paraître à ceux qui n'ont pas encore vécu une telle expérience, je me sens apaisée.

L'atelier de karmathérapie est désormais prêt à libérer les empreintes-mémoires des vies antérieures de ceux qui le souhaitent. À ce jour, je ne compte plus le nombre de séances réalisées, mais je ne présenterai qu'un seul témoignage (avec l'autorisation de partager le prénom et le nom).

Atelier 2 : Psychopompe.KI

Grâce à la guidance de mon protecteur, le grand Pharaon, je prépare mon deuxième atelier que je nomme *Psychopompe. KI*. Le but est de nous aider à nous libérer de l'emprise des entités malveillantes qui se nourrissent de notre énergie vitale et abaissent notre taux vibratoire.

Définition : un psychopompe est généralement un dieu chargé de guider le décédé vers sa nouvelle demeure. Ce mot peut se traduire par *passeur d'âme*.

D'après l'enseignement dispensé par le grand Pharaon, pour qu'un humain puisse recevoir le privilège d'assister et guider les âmes vers la lumière sans déséquilibrer l'harmonie et ne pas (r)amener des entités malveillantes dans le monde des vivants, il doit recevoir l'autorisation et la protection de ceux qui gèrent les lois et les règlements de la planète Terre et des mondes inférieurs situés dans la strate primaire de la sphère terrestre. Souvent, la tâche de ce passeur d'âme consiste à *sauver l'âme de l'illusion reflétée par le miroir des mémoires de ses réincarnations*, c'est-à-dire lui faire comprendre qu'elle doit rejoindre sa nouvelle demeure.

Habituellement, la vocation spirituelle d'une telle personne commence à se manifester dès son enfance ; par exemple, l'enfant âgé de 3 ans qui se réveille en peine nuit et dit voir une personne au pied de son lit. Au matin, sa maman lui montre des vieilles photos de famille qu'il n'a jamais vues. Il en pointe une du doigt et annonce que c'est pépère Normand. Pourtant, il ne l'a jamais connu dans sa présente vie. Un tel enfant est né médium. Il a besoin d'explications au sujet de ses visions, pour s'ajuster consciemment aux ressentis de sa non-normalité en comparaison avec la plupart des autres enfants de son âge.

Il doit être guidé pour ne pas déstabiliser son champ vital émotionnel, mental et spirituel, et renforcer la structure énergétique de son corps éthérique et de son système nerveux pour que l'énergie du cosmos puisse descendre dans les faisceaux transmetteurs reliés à ses chakras majeurs et mineurs ; ainsi, il peut utiliser la musique de son âme et élever son taux vibratoire pour accomplir sa mission.

Ce faisant, il contribuera à l'évolution spirituelle dans le monde des vivants et dans celui des défunts, selon le grand Pharaon. Toutefois, il est indispensable d'apprendre le protocole de sécurité pour ne jamais laisser aucune entité entrer dans les champs vibratoires de son corps physique et/ou de ses corps subtils. Il pourra alors communiquer librement et sécuritairement avec les êtres ascensionnés par l'intermédiaire de ses sens surdéveloppés. Il sera protégé et accompagné par les guides de la lignée de ses ancêtres.

S'il n'est pas éduqué à propos des dangers d'être manipulé, il peut devenir transmetteur de messages pour des êtres malveillants, dans le but d'alimenter des égrégores d'un bas niveau vibratoire, en nuisant ainsi à l'éveil collectif planétaire et en déstabilisant l'harmonie entre les espèces.

D'après le grand Pharaon, il en est de même lors d'une quête spirituelle : si la personne est apte à se connecter avec la lignée de ses ancêtres, elle peut réussir son voyage initiatique dans les différents mondes. Cependant, il est indispensable de comprendre l'importance d'une préparation physique, émotionnelle, mentale et spirituelle avant de vivre un tel voyage, afin d'éviter les mauvaises rencontres avec des intrus attirés par la personne et sa connexion lumineuse au Cosmos.

***

Voici des thématiques partagées durant l'atelier Psychopompe. KI :

– Que signifient les différentes dimensions pour le défunt ?

Elles sont comme les étages d'un grand immeuble, dans lequel il est accompagné par son guide durant son cheminement spirituel. Ainsi, il visionne les événements traumatisants vécus dans sa dernière vie, ce qui le libère des liens énergétiques causés par l'énergie néfaste des rencontres avec des entités mal intentionnées. Ce faisant, l'âme rehausse son taux vibratoire.

– Pourquoi est-il important de ne pas faire appel aux défunts pour qu'ils nous « donnent de l'énergie » ?

Selon le grand Pharaon, et d'après mon expérience durant les lectures d'âme (cf. p. 112), le défunt a besoin de conserver son énergie pour lui-même et continuer sur le chemin de sa nouvelle vie.

La personne qui vit le deuil doit donc se centrer sur le chakra du cœur et envoyer de l'amour inconditionnel à son cher disparu, puis demander à son ange gardien de communiquer avec l'ange gardien de l'autre pour qu'il soit enveloppé de lumière et guidé sur le chemin de sa voie spirituelle. Il est très important d'activer en soi la joie, le rire, le plaisir, et de mémoriser des moments de gaîté qui furent vécus avec lui, parce qu'il a la capacité de ressentir ces précieuses émotions qui l'alimentent énergétiquement.

Celles telles que la tristesse, la colère, la jalousie, la rancune, la vengeance et la peur sont néfastes pour lui.

– Est-t-il exact de croire que nous avons des corps qui ne se voient pas physiquement ?

Il existe plusieurs approches occidentales au sujet des corps subtils. Nous avons choisi de présenter la conception inspirée de la terminologie dans le Véda et les Puranas, selon laquelle l'être humain posséderait un corps physique et six corps subtils :

1. Corps physique ;

2. Corps ou double éthérique : il assure le fonctionnement de l'énergie vitale. C'est lui qui possède le réseau des méridiens et des chakras. Il garde en mémoire jusqu'à la mort les sensations du corps physique. Par exemple, en cas d'amputation, la sensation de douleur peut perdurer ;

3. Corps astral : il est le véhicule des émotions, et aussi celui qui voyage dans ce qui est nommé le monde astral ;

4. Corps mental : il garde l'harmonie entre les émotions et la raison (le logique) de ces émotions ;

5. Corps causal : il garde en mémoire les liens émotionnels et les traumatismes de la présente vie en lien avec ceux des vies antérieures ;

6. Corps bouddhique, dit « corps spirituel » : il est relié aux sphères supérieures.

7. Corps âtmique dit « corps divin » ou « corps christique » : il abrite la conscience supérieure, avec la capacité de faire progresser l'Humanité.

Nota : Durant l'atelier, nous partageons plus d'information au sujet de ces sept corps.

– Comment reconnaître un être ascensionné et un guide spirituel ?

Selon le grand Pharaon, et d'après mon expérience durant les lectures d'âme, les êtres ascensionnés et les guides spirituels n'entrent jamais dans le corps physique et/ou dans les corps subtils d'un être vivant. Ils sont constitués d'un rayonnement de conscience supérieure, et donc d'un taux vibratoire tellement puissant que s'ils entraient dans les corps physiques et/ou subtils, ceux-ci se consommeraient instantanément.

Ils se présentent à l'extrémité du champ vibratoire du corps causal et communiquent par la vibration du cœur et l'hémisphère droit du cerveau, en synchronisant l'hémisphère gauche avec la symphonie de l'Univers. Ils utilisent la fréquence du son unique de chacun pour le connecter à la résonance cosmique. Ensuite, ils enseignent comment se connecter consciemment à sa note de musique. Celle-ci est le code d'activation de la connexion à sa conscience supérieure – l'âme. Ainsi, l'état du cerveau est synchronisé et la personne a la capacité d'utiliser un ou plusieurs de ses cinq sens pour recevoir la communication avec les êtres ascensionnés et les guides spirituels.

Atelier 3 : Introduction aux mondes du chaman
J'écoute les conseils du grand Pharaon pour préparer mon troisième atelier, que je nomme *Introduction aux mondes du chaman*. Je développe une technique de relaxation simple et sécurisée pour aider à découvrir notre animal totem et réaliser un voyage intérieur vers l'un des trois mondes – le monde du haut, le monde du milieu et le monde du bas – en fonction de la problématique à traiter. Avant d'y pénétrer, se présente sous l'apparence d'un animal l'allié protecteur, qui vient communiquer des messages importants en lien avec l'évolution spirituelle.

Atelier 4 : Au-delà des trois mondes du chaman

Grâce à la guidance de mon protecteur, je prépare mon quatrième atelier, que je nomme *Au-delà des trois mondes du chaman*. Le but est d'aider à voyager en toute confiance en compagnie de notre animal totem pour découvrir les réponses à notre cheminement spirituel.

Je prépare le groupe par une détente. Chacun demande à son premier animal totem de venir se placer à sa gauche. Je suis au centre du groupe. J'utilise mon tambour pour créer le rythme du battement de cœur énergétique (fréquence vibratoire) de notre groupe. Par la vibration qu'émet mon tambour, je vois (en fermant les yeux), un être géant, qui arrive toujours pour cet atelier. C'est le *gardien du portail du temps,* qui gère les allers-retours entre notre réalité et les trois mondes. D'après les informations de mes guides, il garde en mémoire dans des genres de grands répertoires temporels, les souvenirs de l'Humanité depuis 800 000 ans.[31]

Le gardien du portail du temps attend chaque invité pour traverser le seuil du temps. Un énorme rayon d'or apparaît et trace le chemin. Je surveille les étapes du voyage par vision à distance de chacun des participants. Après vingt minutes, le gardien du portail du temps les ramène un par un. Je nomme chacun par son nom et il se dirige vers sa chaise. Ensuite, je lui demande d'ouvrir les yeux et de me regarder en m'adressant un signe de la tête pour m'indiquer qu'il est pleinement conscient de son retour. En silence, il prend le papier et le crayon pour écrire les messages reçus. Il décrit tout ce que ses sens ont mémorisé. Par exemple, la couleur des oiseaux, la taille des poissons, les espèces d'animaux, la grosseur des végétaux, les bruits de

---

31. Je n'ai jamais pensé à poser la question sur cette durée et depuis quand existe l'Humanité. Je le ferai lors d'un prochain atelier.

l'océan, les senteurs, les bijoux, les vêtements, la construction et la forme des bâtiments, etc.

Le calme qui règne alors dans la salle est palpable. Tous sont en gratitude d'avoir découvert cette partie intime de leur vie spirituelle par ce voyage.

Chapitre 16
Guérison émotionnelle, physique, mentale et spirituelle

Après la présentation des quatre ateliers préparés avec le grand Pharaon, voici leurs résultats en six beaux cas de guérison.

Cas 1 – Guérison émotionnelle (Karmathérapie), Irlande, 1310
En date du 8 avril 2022, lors d'une session de karmathérapie guidée par Michelle, nous avons exploré un lien karmique ancien avec mon ex-conjoint. L'intention était de comprendre ce qui bloquait à un niveau profond, afin de libérer définitivement les schémas handicapants et répétitifs liés à cette relation.

Pendant la détente, je me suis retrouvée au Moyen Âge, dans le rôle d'un homme chargé d'escorter des prisonniers, parfois jusqu'à leur exécution. C'était ma fonction à cette époque. J'ai reconnu très clairement mon ex-conjoint comme étant l'un des prisonniers que je devais « conduire à l'abattoir ». Ce moment fut très fort émotionnellement. Je me souviens avoir vu un château avec un pont-levis.

Un détail m'a particulièrement marquée : j'ai vu une pièce de monnaie datant de 1310, avec une forme de canard dessus. Après la séance, j'ai effectué une recherche et ai effectivement trouvé qu'en l'an 1310, en Irlande, il existait une pièce de monnaie correspondant exactement à ce que j'avais vu en détente. Cela m'a profondément bouleversée.

J'ai compris que les difficultés de couple que j'avais vécues avec lui se rejouaient depuis d'autres vies, et que ce karma non résolu influençait encore ma vie actuelle. Grâce à Michelle, j'ai pu libérer ces mémoires et me libérer de ce pattern karmique.

Depuis cette séance, je me sens complètement en paix avec ce passé.

Voici les preuves de cette régression karmique. Vous retrouvez dans les écrits les notes de Michelle de ce qu'elle voyait durant ma détente. Elle a dessiné une pièce de monnaie. À ma grande surprise, nous avons vu en même temps la même pièce de monnaie ! Moi, durant ce voyage et Michelle en me guidant. J'ai trouvé une photo de la pièce de monnaie sur internet avec la même date que ce que j'avais vu en détente.

N'est-ce pas fascinant ?

Josée Robichaud, 2 août 2025

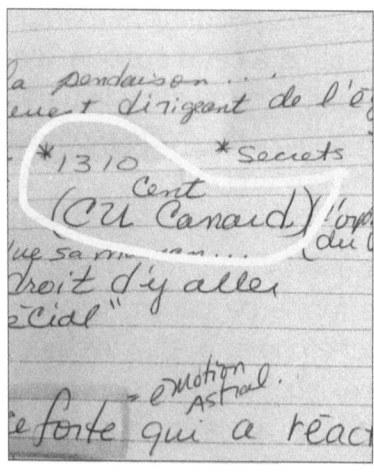

Cas 2 – Guérison émotionnelle (Psychopompe.KI)

Printemps 2015. Voici l'évènement marquant que vécurent deux jeunes filles après le suicide de l'une de leurs amies. Les trois prénoms sont changés en respect de la confidentialité :

– Laure, 13 ans, s'est suicidée une semaine plus tôt ;

– Marie, 12 ans ;

– Suzanne, 13 ans.

La maman de Marie me téléphone. Elle m'explique que sa fille n'est plus la même depuis le décès de son amie : elle ne dort plus et n'a pas d'appétit. Marie pleure beaucoup et est toujours triste, fatiguée et sans motivation. Sa maman craint que cet état la pousse aussi vers le suicide. Elle ajoute que Suzanne est dans un état semblable. Elle me demande si elle peut m'envoyer une photo que Marie et Suzanne ont prise d'elles au centre commercial.

Comme nous pouvons le constater, une forme étrange apparaît entre leurs visages. Le grand Pharaon m'explique que cette entité est un *rampant*, et que je dois partager au monde le danger de leur faire une place dans nos vies.

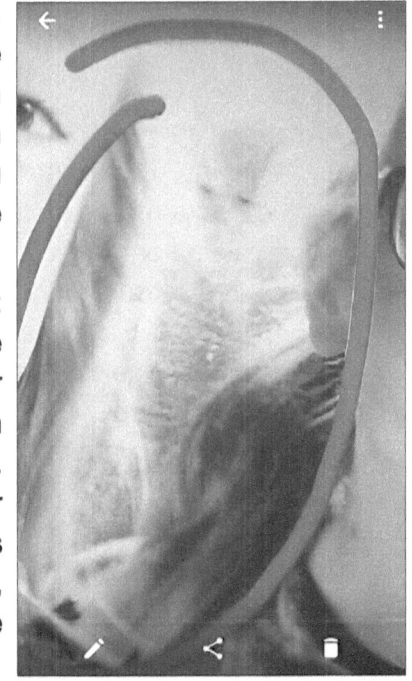

Comment procéder ? Il me répond : il est urgent que Suzanne et Marie rehaussent leur taux vibratoire pour créer une barrière de protection énergétique entre elles et le rampant. Elles auront besoin de commencer à se rappeler les beaux souvenirs qu'elles ont partagés avec Laure, notamment les moments de rire, de joie... Elles devront aussi avoir des pensées positives remplies d'amour pour Laure, et même demander à leurs anges gardiens de communiquer avec l'ange gardien de Laure pour qu'il l'emporte dans un lieu rempli de lumière et de guérison.

J'explique à la maman ce que le grand Pharaon m'a dit.

Quelques semaines plus tard, elle m'informe que Marie et Suzanne vont bien, le sommeil et l'appétit sont revenus, elles ont recommencé à pratiquer les activités qui les rendent heureuses.

Cas 3 – Guérison physique (Psychopompe.KI)

Les personnes ayant vécu cette histoire (les prénoms sont authentiques) ont accepté de la partager afin d'aider ceux qui vivraient une expérience similaire (Isabel, l'épouse de Marc, a composé le texte).

L'odeur de l'au-delà

Depuis un an et demi, mon mari, Marc, 50 ans, était malade des intestins. Les admissions à l'hôpital devenaient de plus en plus fréquentes. Les médecins répétaient toujours la même chose : « Ce sont les intestins. » Ils lui donnaient un traitement antibiotique intraveineux et, après quelques jours d'hospitalisation, il revenait à la maison. Par la suite, nous dûmes le faire admettre aux urgences, alors il fut transféré aux soins intensifs parce qu'ils ne trouvaient pas la cause du problème. Peut-être une allergie alimentaire ou à un médicament pour sa pression artérielle... Même à ce jour, nous sommes toujours sans confirmation. Quand je lui rendais visite, je me disais : « Ils doivent trouver la cause, pourquoi est-il toujours malade comme ça ? »

Dans le passé, Marc avait eu quelques problèmes de santé, mais rien en comparaison avec cette année-là. Je m'inquiétais terriblement de le regarder dépérir. Quelques jours après son hospitalisation, je partageais mon inquiétude avec lui, en constatant qu'il était beaucoup plus malade depuis le décès de son père.

Mon beau-père, Roland, décéda en avril 2017, à 73 ans.

Le 5 décembre 2018, je suis heureuse de me rendre à un soin Reiki avec Michelle. Un rendez-vous avait été fixé en novembre, mais, en raison d'une grosse tempête de neige, nous avions dû annuler.

À mon arrivée, puisqu'il s'agit de mon premier soin Reiki, Michelle m'explique les étapes et je remplis le formulaire. J'avais sollicité ce rendez-vous parce que je me sentais épuisée et avais une douleur au bas du dos.

Tout à coup, une odeur forte envahit la salle. Je baisse la tête en pensant : « C'est la même odeur que je sens parfois à la maison. » Michelle, au regard intense, me pose quelques questions dont je ne me souviens pas exactement, mais je me rappelle qu'elles concernaient mon mari, puis elle me demande : « Isabel, connais-tu cette odeur ? »

Je lui réponds : « Oui, j'ai la même à la maison. Et c'est la même odeur qui sortait de mon beau-père quelques jours avant sa mort, lorsqu'il était aux soins palliatifs. » À ce moment, Michelle me confirme que quelqu'un de l'autre côté a un message que je dois remettre à mon mari. Elle me dit devoir reporter le soin Reiki, car elle m'explique ne pas mélanger les énergies d'un soin avec celle d'une lecture d'âme et que, présentement, il est urgent de prendre la demande de l'au-delà. On se sert de moi comme messagère. C'est mon beau-père qui a un message pour Marc.

Michelle prend du papier pour écrire ce que mon beau-père lui dit. Elle demande à nos anges gardiens de nous assister et de nous protéger durant la communication. Elle va écouter par son sens de clairaudience le message de mon beau-père. Elle m'a expliqué ne jamais laisser entrer une entité en elle durant les communications. Cela me rassure. Nous nous préparons à recevoir la communication. Michelle me répète ce qu'elle entend : *« Dis-lui que nous nous disions toujours que rien au monde ne pourrait nous séparer. Ce fut un piège de nos têtes. Si c'était à refaire, jamais je n'aurais fait une telle promesse ou même imaginer que mon garçon me fasse aussi une telle promesse. Offrir chacun sa vie en échange pour que l'autre puisse vivre ! Je croyais le protéger, mais je l'ai placé en danger. »*

Michelle demande à l'âme de mon beau-père : « Pourquoi ? »

Il répond : « *Parce que mon garçon m'a dit : pour toi, j'offrirais ma vie, si cela pouvait te sauver.* »

Puis il ajoute : « *Il a tenu sa promesse, mais il doit me laisser aller. Rappelle-lui qu'il m'a gardé quatre jours de trop.*[32] *Et c'est sa santé qu'il doit sauver.* »

Tel fut le message que je reçus de Michelle pendant la lecture d'âme. Tout en pleurant, j'avais compris bien des choses. Je quittai Michelle, bouleversée et remplie d'émotions fortes. Je marchai jusqu'à ma voiture en pleurant... J'étais confuse et déçue de ne pas avoir reçu le soin Reiki. Et j'étais frustrée que mon beau-père se serve de moi pour transmettre ce message. En plus, je n'avais aucune idée de comment Marc allait réagir ? Me croira-t-il ? Rendu dans mon auto, je prononce à haute voix le prénom de mon beau-père et lui dis : « Écoute, tu dois me laisser un peu de temps pour accepter ce que je viens de vivre

---

32. Infirmier, Marc travaillait dans le secteur des soins palliatifs et s'occupa de son père en phase terminale.

avant que je puisse le transmettre à Marc. Donne-moi deux ou trois jours et je lui délivrerai ton message. Je ne veux pas juste arriver à la maison et lui partager tout ce que je viens de vivre, parce que je me sens fâchée d'être coincée entre vous deux. Oui, coincée entre le Ciel et la Terre. » J'arrive à la maison, je stationne l'auto dans le garage. J'ai arrêté de pleurer. En ouvrant la porte, j'entends la chanson que Roland (mon beau-père) chantait toujours à Marc quand il avait pris un petit verre. C'était sa façon de rigoler avec lui, mais à l'instant où j'entends cette chanson, je ne trouve pas cela drôle du tout! Je suis furieuse et demande à Marc pourquoi il fait jouer cette chanson? Il me répond : « Ce n'est pas moi. C'est la radio satellite sur le poste country. »

Je comprends alors que le temps presse et que je ne dispose pas de quelques jours pour transmettre ce message qui ne m'appartient pas, mais à Marc. C'est son droit de le recevoir le plus tôt possible.

Je vais prendre une douche en réfléchissant à tout ce que je viens de vivre, puis je m'assoie sur le sofa à coté de Marc et me risque à lui parler de mon expérience :

– Marc, je n'ai pas pu recevoir mon soin Reiki.

Surpris, il me répond :

– Pourquoi ? Où étais-tu ?

– Avec Michelle, mais nous avons reçu une visite inattendue avant qu'elle puisse me donner mon soin. Quand je dis sentir l'odeur de ton père à la fin de sa vie, eh bien, son âme s'est présentée ce soir, et il avait un message pour toi.

Surpris par mes paroles, Marc me demande :

– Tipère veut me dire quoi ?

Je sors la feuille jaune de Michelle et nous la lisons ensemble. Marc comprend alors que des choses n'ont pas été réglées après le décès de son père.

Grâce à cette lecture d'âme, il a pu accepter les faits, mettre derrière lui le passé, avancer la tête haute et s'accrocher aux mémoires positives de son père, son meilleur ami et son partenaire de chasse.

Je peux aussi confirmer que, depuis, il n'a plus jamais séjourné à l'hôpital pour des problèmes d'intestins ou d'allergie, même si ses médicaments pour sa tension artérielle ont été changés. Parfois, il lui arrive d'avoir des douleurs au ventre et il boit son petit jus de pruneaux.

Ma chère Michelle, mille MERCIS du fond du cœur de nous avoir permis de partager notre histoire. Grâce à toi, Marc et Roland ont la capacité d'avancer et d'évoluer chacun de son côté du miroir. Je suis tellement heureuse que nos chemins se soient croisés.

Merci à Marc d'avoir accepté de partager notre histoire.

Merci à mon beau-père Roland de s'être manifesté de là-haut pour nous permettre la guérison.

Sincèrement et avec le plus grand respect à tous,

Isabel, épouse de Marc.

Cas 4 – Guérison émotionnelle (Psychopompe.KI)

Une histoire d'amour inconditionnelle a traversé le voile de la mort pour libérer une jeune femme d'une grande dépression. Elle nous a écrit son récit avec ses mots. Les prénoms sont changés.

Thinker Bell : jeune femme dans la vingtaine ; Sol : homme dans la quarantaine.

C'était en 2006. J'ai rencontré Sol au travail. Il avait l'âge de mon père. J'aimais bien le servir, quelque chose en lui m'attirait. Ce n'était rien de physique ni un sentiment amoureux, je n'ai jamais vraiment pu l'expliquer.

Quelques années plus tard, aux alentours de 2009, pendant l'épidémie du H1N1, Sol m'a demandé si j'étais au courant de la journée et de l'endroit des vaccins. À ce moment-là, je ne connaissais pas l'information. J'ai effectué une recherche sur le réseau de santé et lui ai envoyé un message indiquant le lieu et l'heure des rendez-vous médicaux. C'est à partir de ce moment que nous nous sommes écrits presque tous les jours. Nous nous sommes vite faite confiance pour parler de nos vies, de nos problèmes, sans nous sentir jugé par l'autre. En ce temps-là, n'étant pas toujours heureuse, il ajoutait un certain bonheur dans mes journées. J'aimais bien recevoir ses conseils sur la vie. Il me disait souvent qu'à 40 ans, plein de choses seront mieux. Je ne comprenais pas pourquoi et l'ai souvent questionné pour qu'il me donne des réponses.

Il avait écrit plusieurs histoires en s'inspirant de moi, Sol déclarant que j'étais sa muse. Je lui conseillais de publier ses écrits, il avait vraiment un grand talent.

Souvent le soir, en nous couchant, nous essayions de nous rencontrer en rêve. Nous n'avons jamais réussi, mais nous y croyions quand même que ce serait peut-être possible. Nous nous étions même dit que si l'un devait mourir avant l'autre, nous essayerions de nous contacter... de nous donner des signes.

En 2014, le dernier message qu'il m'envoya avant sa mort, je ne le compris pas, mais j'eus le sentiment qu'il allait se suicider. Je ne ressentis plus aucun signe de sa vie après ce message. Après environ une ou deux semaines d'inquiétude, j'appris qu'il était décédé.

Je trouvai ça tellement difficile... Souvent, dans ma tête, je lui parlais et espérais recevoir un signe. Je crois même en avoir eu un, dans mon auto : un CD de musique qu'il m'avait enregistré jouait et, tout à coup, la musique s'arrêta. Puis, quand elle reprit, elle sautait d'une chanson à l'autre, avec juste quelques mots de chacune. Notre chanson était *Say Something*. Chaque fois qu'elle était diffusée, nous pensions à l'autre.

Cette période de ma vie fut très difficile. Je me sentais vraiment au fond, jusqu'à ne plus ressentir de vie en dedans de moi. J'avais mes enfants, mon conjoint, mais j'étais tellement malheureuse et je ne comprenais pas pourquoi. J'en étais même rendu au point où j'aurais donné mes enfants, parce que je ne me sentais plus capable de vivre ainsi. Je voulais sortir de ma vie. Un jour où j'étais en pleur au travail, je téléphonai à ma mère et me rendis chez elle. Je pleurais en chemin et demandai à Sol de m'aider... Rendue chez ma mère, elle me dit avoir une amie qui pourrait probablement m'aider. J'acceptai sans réfléchir, puis elle me fixa un rendez-vous rapidement.

Durant le premier rendez-vous, Michelle reçut la visite de Sol. Ce fut la plus belle expérience à vie ! Cette communication avec Sol. En dedans de moi, j'étais tellement heureuse qu'il ait voulu entrer en contact avec moi. J'ai toujours cru fort que nous pouvons communiquer avec quelqu'un de l'au-delà, mais je n'ai jamais su comment faire ou qui voir pour ça. Cette rencontre me prouva que nous avons une connexion avec l'autre bord et je réussis à faire mon deuil. Un gros poids délesta mes épaules, et j'étais désormais prête à tranquillement faire de gros changements dans ma vie.

Quand je vois le ciel orangé, je pense à lui...

Cas 5 – Guérison physique, mentale, émotionnelle et spirituelle (*Au-delà des trois mondes du Chaman*)

Raphaël se suicide à 29 ans en février 2013. Voici le témoignage de son ami d'enfance Jacob (30 ans), avec celui de son épouse Line (les prénoms ont été changés).

État de Jacob

Avant de rencontrer Michelle et depuis le suicide de mon meilleur ami, Raphaël, j'étais dans un trou noir, tout était au ralenti, sans émotions. Mes sens étaient vraiment dérangés, manger n'avait aucun goût, et je ne pouvais rien sentir, n'ayant plus d'odorat. Je souriais lorsque je devais le faire, mais sans émotions. Je sentais comme une ombre et un poids autour de moi, et c'était constant.

Je savais que Raphaël s'était suicidé, mais nous n'en connaissions pas la raison. J'entendais différentes rumeurs de diverses personnes, mais nous ne pouvions savoir ce qui l'avait poussé, car il n'avait pas laissé de note. Nous avions tous des questions sans réponse.

Première rencontre en mai

Lorsque j'ai rencontré Michelle, elle m'a dit que Raphaël vivait tellement près de moi que même quand je marchais, elle entendait plutôt ses pas que les miens. Je me souviens avoir porté attention à comment je me sentais en marchant, et j'avais remarqué que j'étais toujours penché vers l'avant, comme s'il y avait quelqu'un sur mes épaules. Juste marcher sur une courte distance était lent et difficile. Moi, sportif avant le décès de mon ami, je me sentais comme si je n'avais pas d'énergie pour avancer.

Je me souviendrai toujours du moment où Michelle m'a aidé. Elle m'a prévenu que j'allais le ressentir sortir de mon corps et de ne pas avoir peur, que tout irait bien, car nous étions hautement protégés. Elle a fait sortir de sa bouche un son spécial, un genre de son musical, puis elle m'a touché au milieu de la poitrine en me parlant d'une voix ferme et douce. Cela sonnait un peu comme un écho et sa voix vibrait : « *Maintenant, laisse-le partir ! Crie fort et laisse aller Raphaël dans la lumière ! Il doit aller dans la lumière et toi, tu dois vivre ta vie.* »

Ouf ! Je manque de mots pour vous décrire comment je me suis senti. À ce moment-là, j'ai senti l'énergie de Raphaël se séparer de moi, je me suis senti tellement libre ! En plus, j'entendais les petits oiseaux chanter. Pourtant, jusque-là, ils ne chantaient pas. C'est comme si je venais de me reconnecter avec moi-même. Je me souviens avoir vu Raphaël se diriger vers la lumière avec son ange gardien, je crois. L'ange gardien avait un bras autour de l'épaule de Raphaël pour l'accompagner vers la lumière ; je savais alors qu'il était entre de bonnes mains. Durant ce moment magique, j'ai compris que Raphaël n'était pas accroché sur moi par méchanceté, mais plutôt par le besoin de s'accrocher à quelque chose ou quelqu'un de confiance pour lui dans cette détresse dans laquelle il se trouvait. Je crois qu'il regrettait son action ou était pris dans un espace que lui-même ne comprenait pas.

Michelle m'informe que je vais avoir besoin d'un certain temps pour m'habituer à vivre sans l'énergie de Raphaël. Surtout, je dois parler de lui avec amour et tendresse de nos beaux souvenirs vécus ensemble. Elle m'explique que nos défunts ressentent nos états émotionnels, et si nous cultivons de revivre seulement nos beaux souvenirs, cela les aide à continuer leur chemin vers leur vraie demeure.

État de Jacob après la rencontre

Je me souviens que la rencontre avec Michelle m'avait énormément aidé, car j'ai eu la chance de comprendre les raisons du suicide, mais, surtout parce qu'après, je savais que Raphaël était dans une meilleure place.

Une autre raison pour laquelle je suis heureux d'être allé voir Michelle, c'est parce que je me sens beaucoup mieux. Maintenant, je suis heureux pour Raphaël et le suis surtout pour moi-même. Ma vie s'est transformée. Lorsque je mange, je goûte la saveur de la nourriture, et mon nez sent les odeurs autour de moi. Mes émotions sont revenues. J'ai retrouvé la capacité de vivre et d'exprimer mes émotions. Et quand je souris, c'est sincère. J'ai une femme et deux beaux enfants, il est donc important que je sois bien pour moi, mais aussi pour eux. Maintenant, ils voient leur père heureux et ont été témoins de ma capacité à surmonter les moments difficiles. Je crois que mes actions aideront mes enfants dans le futur avec l'expérience de cette leçon de vie. Aujourd'hui encore, je parle de Raphaël en choisissant les beaux souvenirs que j'ai eus avec lui, et cela me fait du bien d'en parler à mes enfants. Ils aiment quand je leur raconte des anecdotes des temps passés. Un jour, nous nous reverrons, champion !

Opinion de Line (épouse de Jacob)

Avant la rencontre avec Michelle, Jacob était de plus en plus distant, et semblait ne pas vouloir être avec nous, ni nulle part d'ailleurs. Ses comportements changeaient de plus en plus. Il perdait le goût de jouer de la musique, ce qui était habituellement sa façon de gérer ses émotions.

Après cette première rencontre, il reprit lentement ses habitudes normales. Ce ne fut pas du jour au lendemain, mais plutôt progressif. Je dirais que cela nécessita au moins un mois avant que Jacob redevienne lui-même. Pendant cette période, il revit Michelle trois fois, et après chaque rencontre, c'était comme s'il gagnait une autre petite partie de lui.

Cas 6 – Guérison émotionnelle (*Introduction aux mondes du chaman*)

Souvent, des protecteurs du règne animal vivent parmi les humains pour transmettre l'amour inconditionnel. Voici une histoire extraordinaire entre un chat, un chien, et une jeune femme de 25 ans et sa maman (les prénoms sont authentiques).

Fin mai 2019. Michelle est en train de nous expliquer qu'il se produit des situations où des animaux protecteurs viennent aider des humains à faire un deuil, et d'autres animaux à traverser le seuil vers leur nouvelle vie.

Tout à coup, elle pointe vers ma fille Lycia, qui est assise dans la première rangée des participants et vient de sursauter.

Michelle dit : « Lycia, je viens de voir un chat sauter sur tes genoux. L'as-tu ressenti ? »

Lycia surprise lui répond : « Oui. Comme quand Minoune me sautait sur les genoux ! »

Le dialogue se poursuit avec ma fille :

– Maintenant, je vois ta Minoune se diriger en arrière vers la chaise de ta mère, mais je ne comprends pas. Cette Minoune marche la queue en l'air tel qu'un chat.

– Ma minoune était un chat, pas une chatte, mais lorsque nous l'avons eu, nous ne savions pas que c'était un petit mâle. Et je lui ai donné un nom de chatte.

Michelle sourit et répond : « Alors, c'est bien lui. Je me demande pourquoi il va aussi voir ta mère. » Aussitôt dit, elle ajoute : « Oh, je vois. Minoune veut vous rassurer. Il me fait comprendre de ne pas vous inquiéter, de ne pas être tristes, qu'il est venu pour son fidèle ami, et qu'ils iront ensemble jouer dans un endroit merveilleux. »

Michelle se tourne vers moi : « Avez-vous un gros chien qui doit partir bientôt ? »

Je me mets à pleurer, parce que cela fait deux semaines que je me tourmente pour savoir si je dois ou non faire endormir notre beau chien Buddy de 13 ans, qui est très malade. Demain devait être le jour de son départ. Et nous l'aimons tellement ! Lui et Minoune étaient inséparables.

C'est très difficile pour moi de vous décrire le poids qui s'est enlevé de mes épaules. Ce fut un grand soulagement, une paix intérieure qui m'a permis de prendre le rendez-vous chez le vétérinaire. Le sentiment de remords et cette sorte de culpabilité qui me rongeaient depuis deux semaines venaient de me quitter. Oui, je ressentais encore ma grande tristesse, mais j'ai réussi à vivre les derniers moments avec notre beau Buddy en le caressant, en lui disant qu'il n'aurait plus de douleur et pourrait bientôt courir dans les champs en compagnie de Minoune pour attraper les petits papillons et se rouler dans l'herbe. Grâce à Michelle et à la visite surprise de Minoune, mes deux filles et moi avons réussi à faire le deuil de nos deux précieux animaux.

Chapitre 17
Lecture d'âme pour guérison

Printemps 2010 – Rencontre avec la déesse Isis ?
L'une de mes clientes étant gravement malade, je désire l'aider à guérir. Malheureusement, je n'ai pas encore connaissance des conséquences d'une telle intervention. En effet, je dépasse alors un seuil énergétique de non-retour, le passage vers un autre monde.

Ce jour-là, en compagnie de mon mari, nous sommes en train de peinturer des moulures de portes et de fenêtres dans la salle à manger. Tout à coup, venu de nulle part, apparaît dans le coin de la pièce, près du foyer un être gigantesque à l'allure féminine. Il se tient à ma gauche, à environ 4 mètres, puis ouvre ses grandes ailes dorées et un éclat de lumière en sort. Je suis éblouie par cette présence majestueuse. Je reste là, sans bouger, le pinceau entre les doigts... Claude me demande si je vais bien, car il comprend par mon regard fixe dans cette direction et par ma voix que j'observe quelque chose. Bien qu'il ne voie rien, il me dira avoir ressenti une énorme chaleur et une grande énergie émanant de cette partie de la pièce.

Je reste immobile, sans prononcer un mot. J'écoute les propos de cette présence : « Arrête. Tu n'as pas le droit de changer la destinée de cette humaine. Tu dois respecter son cheminement terrestre-céleste, ainsi que son évolution. Déjà, sa chair lui brûle les os et tombe en lambeaux. Arrête, sinon tu ne pourras pas continuer ici, sur terre, et accomplir ta mission. Regarde et comprends ce que tu dois faire et ne pas faire. »

Cette vision défile devant mes yeux tel un film. Je reconnais ma cliente, qui m'a sollicitée pour un soin Reiki la semaine derrière.

Un autre soin est déjà planifié dans les prochains jours. Hélas, je ne dois pas la soigner, afin de ne pas risquer de débalancer ma vie. Néanmoins, je trouve difficile d'accepter l'ordre intimé par la présence majestueuse, mais sa grandeur et l'éclat de ses énormes ailes m'ont figée sur place. Je me sens comme une petite fille face à l'autorité maternelle. Avec tristesse, j'annule le rendez-vous de ma cliente. Une semaine après, elle est décédée.

Quelques jours plus tard, Claude effectue des recherches à partir des détails que je lui ai communiqués. Il arrive à la conclusion qu'il s'agit de la grande déesse Isis, la mère d'Horus, symbole du bien dans l'histoire de l'Égypte antique. Bien que nous n'en ayons pas la certitude, c'est ainsi que je la nommerai ci-dessous.

Durant cette rencontre, la grande déesse me transmet la *Citation de protection*. Je la récite notamment avant :

– chacune de mes préparations en lien avec les énergies qui circulent en moi et les autres (par exemple, avant les lectures d'âme, présentées ci-dessous) ;

– des soins énergétiques ;

– recevoir une personne ou un groupe en conférence ou en atelier ;

– prendre la route seule ou avec d'autres ;

– avant de dormir et de voyager dans les autres dimensions ou sphères d'habitat (par exemple, lorsque j'utilise la vision à distance).

Cette *Citation de protection* a trouvé sa place dans mon cœur. À mon tour, je vous l'offre telle que la déesse Isis m'en a fait cadeau :

Citation de protection

En respect de nos limites humaines et toujours dans la lumière, protection à tous les niveaux pour moi et pour tous ceux que je rencontre sur ma route.
La lumière est en moi. Je suis lumière.

***

Pour remplir la mission qui m'a été confiée d'aider à rehausser les taux vibratoires, une ressource exceptionnelle m'est enseignée en plus des quatre ateliers ; je l'appelle « lecture d'âme », soit de la communication avec les défunts. Le grand Pharaon me guide patiemment pour la préparation des lectures d'âme. Pour me rassurer, il m'informe que des guides m'assisteront durant ces rencontres et que, bientôt, ils me dévoileront leur nom (cela se produira durant la conférence du 18 mai 2016). J'utilise aussi la Citation de protection. Je les remercie de leur présence et protection pour nous tous.

Fonctionnement d'une lecture d'âme

J'ai choisi quatre cas parmi mes nombreuses lectures d'âme, car ils sont très différents les uns des autres. Le but est de vous partager des moments de guérison marqués par de grandes émotions, autant pour les vivants que les décédés, et, surtout, vous faire découvrir ce qui peut se produire après la mort. De plus, ces moments permettent de rehausser le taux vibratoire de chaque participant. En effet, nous sommes dans une grande salle avec une centaine de personnes. Toutes vont voir et entendre ce que je fais et dis.

Voici comment se passe une séance : aux êtres invisibles qui doivent m'assister, je commence par demander s'ils l'acceptent, puis leur protection pour moi et le public. Je lève le bras gauche au-dessus de ma tête en fermant les yeux pour me connecter avec l'onde scalaire par l'intermédiaire de la paume de la main. Arrive en tourbillonnant la spirale d'un bleu électrique au-dessus de ma main gauche. Elle descend lentement dans la paume et s'installe dans le champ d'énergie de mon corps éthérique. Une douce brise suit la forme de la spirale et s'installe à environ un mètre autour de mon corps mental. En moi, j'entends *ma musique*. Elle maintient l'harmonie de l'énergie ancestrale emmagasinée dans mes corps âtmique et bouddhique. Maintenant, je suis consciente et prête pour poser les trois questions à la personne sur la chaise devant moi. J'ouvre les yeux et la regarde, puis lui demande :

1. Le lien relationnel et/ou familial entre vous et la personne dont vous désirez recevoir un message ?

2. Le prénom de la personne avec qui vous désirez communiquer ?

3. Son âge lorsqu'elle est partie vers l'autre monde ?

Je remonte le bras gauche au-dessus de ma tête, et referme les yeux pour mieux voir le décédé s'approcher lorsque je prononce son prénom et son âge. Il se tient à la hauteur de mon bras levé. Je demande une confirmation que cet être est vraiment le trépassé et non une entité malveillante. Les êtres me montrent un évènement qui a beaucoup marqué le défunt lorsqu'il a quitté la vie, et un précieux moment avec la personne devant moi. Je décris ce qu'ils me montrent. Si la personne confirme que c'est vrai, je commence la lecture d'âme.

Des invités particuliers...
À la conférence du 18 mai 2016, je me prépare à poser les trois questions à la personne assise sur la chaise devant moi. Tout à coup, une grande brise se fait ressentir partout dans la salle.

D'une seule voix, je les entends me dire : « Nous sommes les gardiens du seuil. Nous sommes les intermédiaires entre toi et les êtres des autres mondes. À partir de maintenant, nous serons ceux qui assurent ta sécurité lorsque tu communiques avec les êtres des autres mondes. »

Ne comprenant pas la scène, je demande à la dame assise devant moi avec qui elle voulait communiquer :

– Avec les archanges.

– Pourquoi ?

– Je voulais savoir s'ils sont vrais. Maintenant, je le sais.

Je prends conscience d'être chanceuse que ce ne soit pas avec des démons ou des créatures malveillantes qu'elle ait désiré communiquer. Je partage cette anecdote pour faire prendre conscience que lorsque les portails, les seuils entre les mondes sont ouverts, des êtres peuvent circuler librement entre toutes ces dimensions, donc nous devons créer des paramètres de sécurité très élevés pour nous protéger.

Par la suite, la consigne est la suivante : le client n'a pas le droit de demander une communication avec des êtres célestes, ni de poser des questions générant des sentiments de tristesse, de colère, de peur, de jalousie, de rancune, de rejet et/ou tout autre sentiment négatif pouvant abaisser le taux vibratoire du décédé.

Après la rencontre du 18 mai 2016, les gardiens du seuil, reviennent souvent me donner des explications au sujet de l'importance d'utiliser les *ondes d'en haut* pour rehausser les taux vibratoires à la fréquence de la demande de guérison de l'âme. Ils m'informent que nous pouvons utiliser ces ondes lorsque nous offrons des soins énergétiques et/ou physiques. Ainsi la communication des êtres célestes avec les humains traverse facilement les dimensions. Les *ondes d'en haut* sont comparables par leurs mouvements à l'éclaboussure rythmique de l'eau sur un étang lorsqu'on y lance un caillou : des petits puis des grands cercles se forment à partir du centre où le caillou repose au fond de l'eau. Maintenant, nous pouvons trouver beaucoup d'informations sur ces ondes. Par exemple, l'une de ces ondes *d'en haut* est celle qui est nommée « onde scalaire ». D'après des recherches, elles se déplacent 1,5 fois plus vite que la lumière et ne sont pas limitées par la 3D (largeur, hauteur et profondeur de notre dimension vitale). Elles se dirigent vers le bas, vers nous, par plusieurs moyens. Un des conducteurs-transmetteurs facilitant ce parcours est l'eau. Puisque le corps humain est composé en moyenne au minimum de 70 % d'eau, il devient un passage idéal pour les ondes scalaires.

Hier en soirée (26 août 2025), je pose la question au grand Pharaon, s'il veut bien me donner un autre exemple de conducteur-transmetteur des ondes d'en haut. Il me répond : « Effectue une recherche. » J'en parle à Claude, qui, comme toujours, est heureux de m'assister. Il me trouve sur YouTube une vidéo éducative sur le sujet de l'*eau primaire qui vient du cœur de la Terre*, une découverte exceptionnelle qui prouve qu'il y a de l'eau en abondance pour nous tous dans la Terre.[33]

30 novembre 2016 – Émotions partagées
C'est un beau mercredi soir. Quelques flocons tombent sur notre petite ville de Campbellton. L'hiver est dans sa forme la plus gracieuse et son éclat velouté couvre le sol d'un beau tapis enneigé. Déjà une centaine de personnes pressent le pas pour choisir « la meilleure place » dans la grande salle du Quality Hotel, afin de découvrir des réponses en lien avec la vie après la mort.

---
33. Lire *De l'Eau primaire en abondance pour l'Humanité*, Michael H. Salzmann, Talma Studios / Louise Courteau, 2025.

Après le succès de la conférence précédente (celle du 18 mai 2016), c'est avec enthousiasme que Claude et moi avons préparé cette grande salle. Encens et musique douce. Cristaux aux quatre coins cardinaux. Cèdre et sel. Éclairage tamisé. Je récite à voix basse la *Citation de protection*, et me prépare à communiquer avec les gardiens du seuil.

J'ai invité quatre de mes clientes, qui ont reçu en privé des lectures d'âme. Ce soir, ces personnes acceptent de partager avec le public leur histoire extraordinaire. Ainsi, nous allons célébrer la vie, l'espoir et le réconfort de savoir que leurs chers disparus sont dans le bien-être et la joie de vivre dans l'au-delà.

Les faits ci-dessous sont véridiques et ce sont les quatre personnes qui racontent leurs lectures d'âme telles qu'elles se sont produites.

Voici les quatre cas :

1. Mon bébé guérit mon cœur de maman / Lorraine Levesque ;
2. Mon frère qui aimait les tournesols / Blanche Pelletier ;
3. Papa, j'avais besoin de toi ! / Michelle Doucet ;
4. Du bout des doigts, je touche mon amoureux / Josée Roy.

Cas 1 : Mon bébé guérit mon cœur de maman / Lorraine Levesque

Les prénoms et noms sont authentiques : Karine décédée à 5 ans ½ ; Jessica, 8 ans, la sœur de Karine ; Lorraine et Ghislain, leurs parents. Lorraine raconte leur histoire avec ses mots.

Si ce soir, j'arrive à vous parler de ma Karine, c'est parce que j'ai reçu des réponses de Michelle. Karine est venue quatre fois lui parler pour me donner de l'espoir et me confirmer qu'un jour, nous serons réunies dans l'autre monde, et que nous devons vivre nos vies avec des rires, des plaisirs, des joies et de l'amour, parce qu'elle voit, entend et ressent toutes les émotions que nous vivons ici. Son papa, sa sœur et moi devons lui envoyer de bonnes émotions remplies d'énergie d'amour et lui parler de notre famille et lui partager de bonnes nouvelles.

Le jeudi 4 février 1993 est une journée d'hiver qui a gelé ma vie pour toujours. Ma petite Karine a 5 ans ½. Elle traverse la rue. La chaussée est très glissante. Le conducteur du camion ne réussit pas à freiner et à éviter mon petit trésor.

Je verse toutes les larmes de mon corps, je crie et caresse ses beaux longs cheveux pour la dernière fois. Mon cœur de maman saigne. Il est déchiré en deux. Karine est partie avec une moitié de moi. Elle s'est envolée beaucoup trop tôt au Paradis. Nous n'étions pas prêts.

Après ce cauchemar, la seule chose qui me garde en vie est mon autre petite fille. Jessica grandit et devient une jolie et gentille jeune adulte, avec de beaux projets de vie. Elle quitte la maison pour aller à l'université dans une autre ville et réaliser son rêve de carrière. Après ses quatre années d'études, elle décide d'habiter dans cette ville qui lui offre la possibilité d'œuvrer dans le domaine de sa profession d'infirmière. Mon cœur de maman vit des émotions contradictoires. Je suis tellement heureuse et fière de la réussite de ma Jessica ! En même temps, je suis si triste de la perdre…

Hélas, elle ne reviendra pas habiter dans notre région. Je réalise que c'est un autre deuil. Je comprends que ce ne sont pas les mêmes raisons que lorsque Karine est partie, mais ma réalité est que je perds ma seule et unique fille qu'il me reste sur terre. Une atroce douleur me traverse la poitrine. J'ai l'impression qu'un couteau creuse une énorme plaie dans mon cœur de maman. Je ne suis pas prête pour ce deuxième deuil.

À partir du départ de Jessica, je sombre dans un trou noir... un gouffre de tristesse m'engloutit. J'ai besoin d'aide. Je ne suis pas bien dans ma peau, et j'ai constamment mal à la gorge, comme si je manquais d'air. Ma douleur m'empêche d'exprimer ma grande détresse.

J'essaie une variété d'interventions, mais rien ne m'aide. Puis, un jour, on me parle de Michelle. Je lui téléphone pour un rendez-vous. Je ne lui dis pas mon état de détresse. Elle m'informe que moins elle a d'information, plus il y a de chance que la communication fonctionne. Elle me pose juste trois questions lors de la rencontre : le lien avec la personne dont je veux recevoir un message, son prénom et son âge lorsqu'elle est partie vers l'autre monde.

Première lecture d'âme

Mars 2009. Aussitôt que Michelle lève le bras au-dessus de sa tête et pose les trois questions, je me sens entourée par une brise.

Michelle : « Karine est ici. » Elle me répète ce que Karine lui dit : « Maman, ce n'est pas le temps d'essayer de venir me voir. Si tu traverses, il y aura un mur entre nous, et nous ne pourrons pas nous voir. »

Michelle continue à me partager ce qu'elle reçoit : « Maman, je vais bien, mais pas toi. Tu dois travailler fort et sortir de là. Après, je vais pouvoir te donner d'autres nouvelles de moi. Maman, je dois partir, parce que ça me rend trop triste de te voir comme ça. Maman, je t'aime. »

J'ai eu un gros choc. Ouf. Que j'ai pleuré ! Je n'avais pas dit à Michelle que je n'avais plus le goût de vivre. En sortant de la rencontre, j'ai compris que j'avais encore beaucoup de choses à vivre sur terre et, surtout, je voulais absolument recevoir des nouvelles de ma petite Karine. Je devais me sortir au plus vite de ce gouffre.

Michelle : « Lorraine, quand tu te sentiras prête, appelle-moi, nous communiquerons avec Karine. »

Je l'ai quittée avec un petit quelque chose dans le cœur qui aidait ma respiration. Comme si un gros nuage gris voulait sortir de ma vie.

Deuxième lecture d'âme

Août 2009 (presque six mois plus tard). Aussitôt que Michelle lève le bras au-dessus de sa tête, je ressens la douce brise. Je suis heureuse parce que je sais que c'est le signe que mon bébé arrive à notre rendez-vous.

Michelle : « Karine est ici. »

Elle me répète ce que Karine dit : « Maman, tu as réussi ! Maintenant, je peux te sentir. Maman, j'aimerais que tu caresses mes cheveux comme tu le faisais avant que je sois ici. »

Michelle continue : « Karine me montre qu'elle aimait se coucher la tête sur tes genoux et que tu lui caressais les cheveux. Je vois que tu dois reculer un peu ta chaise, et Karine va descendre sur le fil d'or qui lie la paume de ma main jusqu'à elle. Puis tu pourras ressentir la douceur de ses cheveux sous tes caresses. Elle me dit que tu es prête pour te reconnecter avec l'énergie d'amour que vous partagiez ensemble lorsqu'elle vivait ici. Lorraine, je dois savoir avant de permettre à Karine de venir… parce que je ne suis pas accoutumée de faire venir une petite fille de l'au-delà pour se faire caresser les cheveux par sa maman. Est-ce vrai que Karine aimait se coucher la tête sur tes genoux pour que tu lui caresses ses longs cheveux ? »

Je n'ai plus de mots : « Bien sûr que c'est vrai ! »

Je n'en crois presque pas mes oreilles ! Oui, c'est mon bébé. Et je sais que c'est impossible que Michelle connaisse ce que ma petite et moi vivions lorsque nous étions ensemble. Il n'y a aucun doute. Je désire revivre *une autre fois* ce moment avec ma précieuse petite fille.

Michelle m'informe que cela lui demandera beaucoup d'effort pour maintenir le portail ouvert et sécurisé lorsque Karine sera entre les mondes sur le fil d'or jusqu'à moi.

Nous nous préparons. Je recule un peu ma chaise tel que je dois le faire. Michelle me demande de fermer les yeux, respirer profondément, visualiser une belle couleur et m'entourer d'amour et de lumière. Et demander la protection de mon ange gardien. Elle va faire de même pour elle et Karine.

Je garde les yeux fermés. Une douce brise entoure mes pieds.

Michelle me guide en parlant : « Lorraine, Karine arrive. Elle se dirige vers ta chaise. Elle est près de toi. Elle se penche et dépose sa tête doucement sur tes genoux. Elle a de beaux longs cheveux. »

Au même moment, je sens une légère forme sur mes genoux. Je n'y crois presque pas, mais c'est vrai !

Michelle poursuit : « Karine a déposé sa tête sur tes genoux. Est-ce que tu ressens sa forme sur tes genoux et ses longs cheveux en les caressant ? »

– Oui.

– Maintenant, tu peux caresser les cheveux de Karine et lui dire les mots que ton cœur veut lui dire. Elle entend tes mots et elle ressent la caresse de ta main.

C'est un moment inimaginable. Presque magique. Je n'ai pas de mot pour décrire ce moment de bonheur. Je ressens sa douce chevelure sous mes mains. Je sens la chaleur de son petit corps et je perçois sa senteur et son énergie ! C'est pareil que lorsqu'elle vivait ! Je pleure tellement... mais ce sont des larmes de joie.

Tout à coup, je ne ressens plus la forme de ma petite fille sur mes genoux ni ses cheveux sous mes mains. En même temps, Michelle dit : « Karine se lève et a quelque chose d'important à te dire avant de retourner au Paradis. » Elle répète ce que Karine lui dit : « Maman, maintenant tu dois commencer à te rappeler des choses heureuses vécues ensemble. Et tu dois recommencer à rire. Parce que, maman, quand tu pleures, je pleure. Quand tu es triste, je suis triste. »

Je réponds à voix haute :

– Oui, mon bébé. Maman va le faire pour toi.

Michelle continue à répéter les mots de Karine : « Maman, j'ai besoin que tu fasses quelque chose pour moi. »

– Oui, mon bébé.

– « Maman, laisse-moi grandir ! »

C'est un autre choc : jamais je n'aurais imaginé que mon bébé avait besoin de grandir au Paradis. Et je devais l'aider à grandir... Comment pourrai-je la reconnaître si elle grandit ?

Je pleure et dis à Michelle :

– NON. NON. Je ne peux pas. Je ne veux pas l'oublier !

– Lorraine, Karine insiste. Elle dit ne pas vouloir rester petite, vouloir grandir, comme sa sœur.

– OK. Je te laisse grandir ! Mais, Karine, tu dois me promettre de revenir me parler.

Karine promet.

Après quelques minutes, Michelle m'informe qu'il est temps de laisser retourner Karine au Paradis.

Ouf ! C'est difficile de la laisser partir… mais je suis tellement heureuse !

Je demande à Michelle :

– Quand Karine reviendra-t-elle me parler ?

– Je ne sais pas. C'est la première fois que je communique avec une enfant qui exprime une telle demande à sa maman.

***

Ce fut une longue attente, car presque deux ans plus tard, un beau matin du mois de mai, Michelle me téléphone. Elle me dit avoir reçu un message de Karine, qui désire me parler. Mon cœur est en folie. Je n'arrive presque pas à y croire. Karine a tenu sa promesse. Enfin, je vais pouvoir recevoir d'autres nouvelles de mon bébé !

Troisième lecture d'âme

Mai 2011. Michelle annonce : « Karine est ici. Elle dit aller à l'université et avoir un petit ami. Elle l'a connue au Paradis. Ils ont grandi ensemble. Karine dit vouloir présenter quelqu'un de vraiment spécial autant pour elle que pour moi. Ce quelqu'un marche avec elle tous les matins pour se rendre à l'université. Puis il revient en après-midi faire le chemin du retour à la maison. »

Michelle a les yeux fermés et me dit avoir hâte de voir qui est cette personne. Elle me décrit la scène : « Je vois une silhouette qui arrive au loin entre les grandes rangés d'arbres qui sont de chaque côté du chemin conduisant à l'université. Je ne peux pas encore distinguer qui est la personne. C'est vraiment bizarre... ce n'est pas une personne. C'est un chien ! Je vois un beau chien de couleur beige-jaune, et ses poils reflètent les rayons du Soleil. Il monte les grandes marches conduisant aux énormes portes en marbre de l'université. Il se couche près de l'entrée et attend patiemment. Tout à coup, les portes s'ouvrent, beaucoup de gens sortent en même temps. Enfin, Karine sort, le chien se lève et bouge sa queue de joie en la voyant. Elle lui caresse la tête et tous les deux descendent les grandes marches de pierre. Ils arrivent devant moi. Je dis à Karine qu'elle a un beau chien. »

Michelle répète ce que lui dit Karine : « Ce n'est pas un chien. C'est *notre* chienne ! Elle était avec maman et papa. C'est elle qui les réconfortait lorsqu'ils s'ennuyaient trop de moi. Maintenant, c'est moi qui en prends soin. C'est l'amour que nous donnons aux animaux qui les fait évoluer vers le Paradis, là où habitent des personnes qui continuent de les aimer et de leur offrir des soins. »

Là, ça dépasse mon imagination. Je ne savais pas que les animaux allaient au Paradis. Je réalise qu'en avril dernier, je fus obligé de faire endormir (euthanasier) notre *chienne aux poils de couleur beige-jaune*... parce qu'elle était vielle et trop malade. Encore une fois, Michelle ne sait pas que nous avions une chienne. Les animaux ont-ils une vie après la vie ? Maintenant, je sais que oui. Michelle poursuit : « Karine dit que sa graduation arrive vite et qu'elle a beaucoup de projets à terminer avant de recevoir son diplôme. »

Les mots de Karine me donnent l'impression qu'elle est une jeune femme heureuse avec une vie bien remplie. Je n'en reviens pas... Mon bébé n'est plus ici, mais semble vivre une vie normale. On dirait qu'elle vit dans un autre pays. Et que l'internet et le téléphone ne fonctionnent pas beaucoup. Je me dis qu'au moins, elle va bien. C'est ça, le plus important.

La rencontre fut courte mais tellement gratifiante ! J'en garde un beau souvenir. Je ne m'inquiète plus.

Oui, je pleure encore lorsque je m'ennuie d'elle. Et sa présence me manque énormément. Toutefois, je sais qu'elle n'est jamais loin de mon cœur. Et je comprends mieux sa vie dans l'autre monde.

Quatrième lecture d'âme

Mars 2012 (presque un an plus tard. Michelle : « Karine est ici. Elle dit s'inquiéter de ta santé. »

Elle répète ce que Karine lui dit : « Maman, tu sais que je t'aime. J'ai étudié dans le même domaine que ma sœur. Je suis outillée pour comprendre ce que vous vivez, toi et papa. Jessica travaille à soigner les corps des malades ; moi, je travaille à soigner les âmes. Maman, pour guérir ta gorge, tu dois parler à beaucoup de monde de moi. »

Michelle : « Karine insiste pour qu'elle me répète ses phrases courtes, car elle dit que ce sont des phrases de guérison. »

Les voici :

« Maman, je t'aime et je veille sur toi. »

« Maman, dis à papa que je l'aime et que je veille sur lui. »

« Je ressens comment tu te sens. Et c'est la même chose pour papa. »

« Maman, dis à papa que oui, un jour, nous nous reverrons et il pourra me prendre dans ses bras. »

« Maman, dis à ma sœur que je l'aime et que je veille sur elle et ses petits. »

« Maman, tu dois parler de la peine que tu as vécue lorsque j'ai quitté la Terre. »

« Et tu dois parler que tu as appris que je suis bien au Paradis. »

« Maman, dis à papa, Jessica et à la famille que je veille sur vous tous. Dis-leur que tu as accepté de me laisser grandir.
« Maman, je reviendrai te visiter lorsque tu parleras de ma vie au Paradis. »

« Maman, n'oublie pas que, pour guérir ta gorge, tu dois parler à beaucoup de monde. »

Cas 2 : Mon frère qui aimait les tournesols / Blanche Pelletier

Les prénoms et noms sont authentiques : Rhéal LaPointe, décédé ; Blanche Pelletier, sa sœur.

Le 15 mai 2015, mon frère Rhéal est parti trop jeune, à 60 ans. Il eut une crise cardiaque (infarctus). Lorsque j'ai rencontré Michelle pour une consultation en privé, cela faisait huit mois qu'il était parti vers l'au-delà. Il était mon ami et me manquait beaucoup. J'avais besoin de savoir s'il était OK.

Elle m'a expliqué que cela prend parfois du temps pour entrer en communication avec une personne qui habite dans l'autre monde, surtout lorsque ce fut un départ brusque tel qu'un infarctus. Elle dit que les sens de la personne doivent se réactiver avant de pouvoir les réutiliser pour des communications à partir de leur nouvel habitat.

Par exemple, il arrive qu'elle ne puisse pas voir l'énergie de Michelle mais seulement l'entendre parler. Elle m'explique qu'en début de communication, je devrai lui confirmer si ce qu'elle voit et/ou entend était important pour mon frère. Sinon, elle refermera le portail et elle arrêtera la communication.

C'est un peu ainsi que la rencontre avec mon frère s'est déroulée : il ne voyait pas Michelle, mais entendait sa voix. Elle parlait à voix haute pour que je puisse entendre ce qu'elle lui disait, et elle me répétait ce qu'il lui répondait.

***

Lecture d'âme de février 2016

Michelle commence ainsi : « Je vois un homme costaud. Il porte une casquette sur la tête. Il marche doucement et regarde quelque chose au sol... Il est seul. »

Michelle me dit ressentir qu'il ne la voit pas. Elle s'approche un peu plus près de lui pour trouver un sujet de conversation, puis continue de décrire la scène : « Je vois Rhéal sur un petit pont. Il regarde autour de lui. L'endroit est sombre. »

Je me rappelle que Michelle m'a prévenu avant de commencer la communication que s'il est dans un endroit sombre, cela pourrait nuire à une bonne communication, et qu'elle devra prendre beaucoup de son énergie pour le faire remonter dans un lieu avec de la lumière et de jolies choses. De ce fait, il est possible qu'elle doive partir avant que je puisse parler avec lui.

Elle me dit chercher à voir ce que Rhéal regarde et avoir besoin de trouver quelque chose qui était important dans sa vie sur terre, pour établir un lien de communication avec lui.

Michelle voit un grand tournesol. Elle me demande si cette fleur avait de l'importance pour Rhéal. Je lui réponds :

– OUI ! Tu peux continuer.

Elle me répète leur conversation :

– « Rhéal, c'est une belle fleur, le centre brun avec de beaux grands pétales jaunes. »

– « T'es qui, toi » ?

Je pouffe de rire, car je reconnais le parler de mon frère.

Michelle lui répond et s'engage le dialogue suivant :

– « Je suis une amie de ta sœur Blanche. »

– « Pourquoi je t'entends, mais je ne te vois pas ? »

– « Ce serait un peu long à t'expliquer. L'important est que nous puissions nous parler, parce que Blanche a besoin de te parler. Est-ce OK pour toi ? »

– « Ce n'est pas possible, ces choses-là ! »

Michelle me dit : « Je vois ton frère qui semble réfléchir à ma demande. Il bouge le pied, en le glissant au sol. Il regarde par terre, les mains dans les poches de son pantalon. »

Je lui confirme que c'était exactement son comportement lorsqu'il avait besoin de réfléchir.

Michelle me dit que le temps presse, parce que l'énergie de communication est basse et si Rhéal ne se décide pas, elle aura besoin de revenir et de refermer la porte entre les deux mondes.

Moi, je veux parler avec mon frère ! Il est tout près de moi, je ne peux pas accepter qu'il reparte sans me parler. Je demande à Michelle d'insister pour qu'il accepte de me parler.

Elle tente une dernière fois : « Rhéal, tu vas voir que ça va être plaisant d'entendre la voix de Blanche. Après, tu pourras quitter cet endroit sombre et aller retrouver des personnes que tu connais et aimes. Ce sont des membres de ta famille et des amis qui sont arrivés dans ce nouveau monde avant toi. Tu pourras faire de belles rencontres. Il va y avoir beaucoup de beaux rayons de soleil, des beaux arbres et des jolies fleurs. Et, en plus, de beaux grands tournesols ! »

L'invitation de Michelle semble porter ses fruits, car Rhéal accepte d'entendre ma voix.

Michelle me répète ce qu'il lui dit : « Des rencontres ! Ne me parle pas de ça. C'est juste un gang de menteurs ! »

Je ris aux éclats : de nouveau, je reconnais le parler de mon frère. Il détestait les rencontres, et Michelle ne le savait pas.

Au moins, ça l'a fait réagir et communiquer avec elle. Je lui confirme que c'est bien mon frère qui lui parle.

Michelle reprend : « Rhéal a entendu ton rire et il l'a reconnu. Cela remonte son taux vibratoire. Déjà, il ne fait plus autant sombre qu'auparavant. »

Elle commence à distinguer plus de détails dans l'environnement de mon frère et continue de me le décrire : « Enfin, je vois beaucoup mieux le petit pont. Il traverse un petit courant d'eau, et semble conduire quelque part où ton frère aime aller... »

Rhéal est encore sur le pont, elle remarque qu'il y a de beaux tournesols de chaque côté. Elle profite de l'occasion pour parler des tournesols avec lui, afin de créer un lien de communication :

– « Rhéal, ils sont donc beaux les tournesols ! »

– « Oui, mais l'important, ce sont les graines des tournesols. »

– « C'est un beau pont. »

– « J'l'aime, mon pont. »

Michelle le voit commencer à marcher sur le pont. Il avance lentement, parce que plus il avance, plus l'endroit devient sombre.

Michelle me dit : « Je ressens que Rhéal n'a plus la mémoire où ce pont conduit. »

Elle a besoin que je confirme si ce qu'elle m'a dit au sujet du pont, des tournesols et des graines de tournesol fait partie d'un vrai souvenir de mon frère. Je lui réponds :

– Oui. Tout est vrai.

– Alors, je vais demander à son ange gardien de venir l'assister pour qu'il retrouve la mémoire de « Qui il était dans sa dernière vie terrestre ».

Michelle ne parle plus. Elle a toujours les yeux fermés. Il se passe quelques minutes... Enfin, elle me reparle et me dit ce qu'elle voit et entend : « Rhéal se touche la tête. »

Elle lui demande :

– « As-tu mal à la tête ? »

– « Non. Tête, c'est moi ! »

Michelle me dit : « Je ne comprends pas. Il semble retrouver un souvenir qui lui appartient, mais je n'arrive pas à faire le lien entre le mot « tête » et lui ? »

Pour moi, le résultat est déjà positif, car Michelle me dit que l'autre bout du pont n'est plus sombre, et semble conduire à une maison entourée de grands tournesols. L'endroit est clair et mon frère est prêt pour aller dans la lumière ! Elle me prévient que j'ai juste assez de temps pour qu'il entende mes quelques mots avant de quitter l'endroit vers un plus haut plateau.

Je profite de ce temps privilégié pour déclarer à mon frère que je l'aime et suis heureuse qu'il ait retrouvé ses tournesols. J'ajoute : « Maintenant, va dans la lumière. »

Michelle me partage ce qu'elle voit : Une personne arrive pour le guider vers la lumière. Elle arrive dans un immense rayon lumineux qui pointe sur le pont vers Rhéal. C'est une mignonne petite fille qui vient vers lui. Elle le connaît. Et il la reconnaît. Elle lui sourit. Et il lui retourne un grand sourire. Dans une de ses petites mains, elle tient un genre de toutou, ou de poupée en chiffon. Âgée de 3 ou 4 ans, elle a des cheveux foncés. Elle tend une de ses mains vers Rhéal. Il glisse sa main dans la sienne. Puis, côte à côte, les deux remontent jusqu'au rayon lumineux, sur un genre d'escalier transparent vers le portail de lumière.

Michelle m'informe qu'elle doit couper le courant entre elle et l'énergie de l'autre monde, et fermer le portail.

Elle ouvre les yeux, et je lui raconte ceci : « Rhéal avait construit le ponceau par-dessus le petit courant d'eau. Ce passage conduisait de chez-lui à chez nos parents. À chaque printemps, le bonheur de Rhéal était de semer les graines qu'il avait conservées en provenance des grands tournesols de chaque côté du ponceau. »

Je confirme à Michelle la phrase magique que Rhéal nous répétait à chaque fois que nous contemplions ses tournesols : « C'est beau, les tournesols, mais ce sont les graines qui sont importantes. »

Cette rencontre est gravée dans mon cœur. Je suis en paix. Maintenant, je sais que mon frère est bien, et qu'il peut encore avoir le plaisir de semer et de voir grandir ses tournesols.

***

Cas 3 : Papa, j'avais besoin de toi ! / Michelle Doucet

Les prénoms et noms sont authentiques : Allain Doucet ; Michelle Doucet, sa fille.

J'ai toujours été proche de mon papa. Son nom est Allain. Il avait 35 ans. Un jour d'hiver, il choisit de mettre fin à sa vie par pendaison. J'avais 13 ans et besoin de lui.

Je suis étudiante au collège de Campbellton, N.-B. J'ai pris une formation de deux ans pour obtenir un diplôme collégial dans le domaine de l'aide aux adultes. J'ai entendu parler de Michelle. J'ai vraiment besoin de recevoir des nouvelles de mon papa, parce que je ne comprends pas pourquoi il m'a abandonnée. J'ai tellement de colère envers lui…

***

C'est le 25 avril, 2013. Je suis avec Michelle. Mon père se présente tout de suite. Il parle d'un rendez-vous qu'il a manqué avec moi. Les larmes me montent aux yeux. Il me demande de ne plus être fâchée, parce que ce n'est pas bon pour ma santé. Il me dit vivre dans un endroit où l'énergie de la culpabilité le dévore constamment. Papa dit avoir besoin que je réussisse ma vie et que cela va beaucoup l'aider à se libérer de cet état désespéré.

À mesure qu'il me dévoile ses erreurs, ses tourments et ses regrets qui l'ont conduit sur le chemin du suicide, je ressens ma colère envers lui me quitter, cette colère qui me ronge le cœur depuis de nombreuses années. Lentement, c'est une grande paix qui m'enveloppe. Je ne me rappelle pas quand je me suis sentie aussi bien.

Durant la consultation, mon papa mentionne à Michelle que mon bébé âgé de quelques mois dort dans quelque chose qui était à lui. Je réponds à Michelle :

– Oui. C'est la bassinette[34] où il a dormi. Puis ce fut moi et, maintenant, c'est le tour de ma petite fille.

Il dit à Michelle me voir lorsque je me penche au-dessus de la bassinette et que je prononce tout haut : « Je me demande, papa, si tu vois ma belle petite fille. » Sa réponse me rend heureuse !

Papa dit me voir toujours partout où je vais, et qu'il n'approuve pas mon choix de certains milieux, ni de certaines personnes que j'y rencontre. Il dit vouloir me prévenir de ne plus fréquenter ces endroits, parce que cela pourra nuire à ma vie. Il me partage que s'il avait réagi plus vite, il serait avec nous aujourd'hui. Papa dit que je dois développer mes forces pour m'éloigner d'eux, et qu'à chaque jour, je dois me rappeler de son mauvais choix de vie. Et je dois lui promettre de ne jamais répéter les mêmes erreurs que lui. Il insiste sur le fait que j'arrête de consommer des substances pour me libérer des dépendances affectives que je vis, et que lui a vécues. Ce n'est pas facile. Michelle réussit à faire s'approcher mon papa de moi à une distance où il allonge sa main et prend ma main dans la sienne. Ce n'est pas possible pour moi de vous exprimer en mots l'émotion. Je ressens vraiment la forme de sa main et une chaleur qui entoure la mienne, comme un courant électrique qui me donne des petits chocs et se promène partout dans mon corps !

Cela m'a vraiment secouée, ce que Michelle m'a répété ce qu'elle entendait mon père lui dire. Je sais qu'elle ne pouvait pas connaître tous ces détails.

---

34. Petit lit de bébé.

Cette rencontre a transformé ma façon de voir la vie. J'ai su que mon papa m'aime énormément et veille sur moi. Et je sais qu'il a beaucoup de regret de ne pas avoir choisi le bon chemin. Il m'a clairement fait comprendre que je dois tout faire pour ne pas terminer ma vie comme lui.

Je suis soulagée de savoir qu'après la mort, nous vivons encore. Et je suis heureuse d'avoir enfin eu la chance de faire la paix avec mon passé. Je vais faire de mon mieux pour mettre en pratique les bons conseils que mon papa est venu m'offrir de l'autre côté du voile de la mort. Maintenant, je sais que la vie vaut son pesant d'OR.

Cas 4 : Du bout des doigts, je touche mon amoureux / Josée Roy

Les prénoms et les noms sont authentiques : Martin Goulet ; Josée Roy, son épouse.

Josée nous raconte leur histoire : Martin, mon grand amour, décède dans mes bras à l'âge de 45 ans. Le cancer me l'a volé après vingt-trois ans de vie en couple, mais notre amour perdure au-delà de ce monde. La mort physique n'empêchera jamais un couple de continuer de s'aimer d'un amour éternel.

Première lecture d'âme, 13 avril 2016

À peu près deux semaines après le décès de mon amoureux, je communique avec Michelle pour savoir s'il est trop tôt pour tenter une communication. Elle me répond : « Il est préférable d'attendre quarante jours. » Je n'ai pas pensé demander à Michelle pourquoi nous devions attendre ce temps. Pourquoi ?

Alors je compte les semaines et les jours avant la prochaine conférence de lectures d'âme que Michelle aura à Campbellton. Je regarde même le calendrier au moins chaque matin.

Malheureusement, je me suis trompée de date. Cela signifie que j'aurais manqué la conférence de Michelle, si... Martin ne lui avait pas communiqué mon erreur. En effet, quelques jours avant la conférence, Michelle m'envoie un message par msg pour m'informer que Martin est venu la prévenir que je n'ai pas la bonne date pour la conférence. Elle me répète ce qu'il lui a dit lorsqu'il s'est présenté à elle : « C'est moi, l'amoureux de Josée. Dis-lui qu'elle n'a pas la bonne date. »

Je peux vous avouer que j'ai éclaté en sanglots quand j'ai lu ce message. Mon amoureux est là, et il me fait un signe ! Je vérifie alors la date cochée sur mon calendrier : oui, je me suis trompée !

Grâce au message de mon amoureux via Michelle, je me rends à la conférence de mercredi soir, le 30 novembre 2016. Au début, elle nous informe qu'elle offrira trois lectures d'âme. Chaque participant reçoit la moitié d'un coupon numéroté et l'autre moitié, *avec le même numéro*, est placée dans un bol. Trois numéros seront tirés au sort. Je regarde autour de moi : la salle est pleine, soit au moins une centaine de personnes. Il y a une mince chance que mon coupon numéroté sorte du bol… Je prie de tout mon cœur, j'ai vraiment besoin de revoir mon amoureux.

Miracle ! Mon numéro est tiré par l'un des membres de l'équipe de Michelle. Wow ! Je suis tellement heureuse ! Mon cœur veut sortir de ma poitrine tellement il bat fort.

Michelle annonce au groupe les étapes du protocole qu'elle a développé pour offrir une lecture d'âme sécurisée :

1. Je ne laisse aucun décédé et/ou entité entrer et utiliser mon corps durant les communications ;

2. Si les gardiens du seuil ont permis la communication, alors ils (décédé et/ou entité) ont l'autorisation de s'approcher de moi à une distance de 2 mètres de mon corps physique pour me transmettre le ou les messages ;

3. Je lève le bras gauche et tourne la paume de la main vers le haut ;

4. Je ferme les yeux durant un temps pour *mieux voir* l'être et son environnement en provenance d'un autre monde ;

5. Je tourne la tête vers la gauche pour synchroniser mes deux hémisphères du cerveau, un peu comme un satellite de télécommunication ;

6. J'utilise un ou plusieurs de mes cinq sens pour comprendre le contenu des messages.

7. Je transmets dans des mots simples et clairs ce qu'ils me disent, et ce que je vois durant les visites.

Michelle poursuit ses explications :

– préparez-vous à voir mes yeux scintiller et d'un bleu beaucoup plus limpide durant une communication ;

– il est probable que vous entendrez le son de ma voix changer ;

– nous serons accompagnés par une douce brise de forme en spirale, qui circulera du bas de vos pieds jusque dans le haut de vos têtes ;

– du parfum de rose et/ou d'autres arômes de fleurs, tel que le lilas, seront sentis par votre odorat.

Michelle continue : ces changements dans notre environnement immédiat sont en lien direct avec une fréquence beaucoup plus élevée qu'à l'ordinaire, une fréquence remplie d'amour inconditionnel. Cet état active les taux vibratoires des corps physiques et des corps subtils.

Ensuite, Michelle nous informe avoir la capacité de faire descendre le décédé tout près de la personne qui a besoin de le ressentir, mais que cela arrive rarement. Toutefois, si c'est nécessaire pour accélérer la guérison de l'âme, elle fera descendre l'aimé(e) sur un fil d'or, puis elle le retournera dans son nouveau monde avant que le portail du seuil se referme.

Si c'est *notre* lecture d'âme, une personne de son équipe viendra vérifier le numéro de notre coupon, puis nous nous lèverons et nous dirigerons vers la chaise pour nous asseoir face à elle. Elle posera trois questions avant la communication :

1. Le prénom de la personne avec qui nous désirons communiquer ;

2. Son lien avec nous ;

3. Son âge lorsqu'elle est partie pour l'au-delà.

Elle nous fait un dernier rappel : si les gardiens du seuil n'autorisent pas la communication, elle referme le passage entre les mondes et nous ne pourrons pas recevoir de message pour le moment.

Elle nous rassure en nous expliquant que les communications sont comparables à une conversation par téléphone et à l'utilisation des autres applications informatiques.

C'est très intéressant et même épeurant : jamais je n'aurais cru qu'il y aurait des choses à faire pour assurer la sécurité de tous. Franchement, cela me fait un peu frémir.

Eh bien, maintenant que je suis consciente des dangers à éviter durant une lecture d'âme, à l'avenir je ferai attention à qui je confie mon désir de parler avec mon amoureux. Pour rien au monde je voudrais le mettre en danger.

Cependant, ce soir, cela me réconforte de savoir que Michelle connaît très bien le domaine de la communication avec l'au-delà.

***

Je suis anxieuse... j'ai peur que cela ne fonctionne pas. Je me suis rendue jusque-là, mais on ne sait jamais à l'avance si ce sera autorisé ou non par les gardiens du seuil.

Le silence plane dans la salle. Assise sur la chaise, je retiens ma respiration. Avant de commencer, Michelle demande la protection pour elle, pour moi, pour le public et pour Martin, s'il vient au rendez-vous. Elle prononce une sorte de petite prière qu'elle nomme la *Citation de protection*, et demande à nos anges gardiens d'ouvrir leurs ailes pour créer un dôme de protection par-dessus la salle.

Elle ferme les yeux, lève le bras gauche au-dessus de sa tête, la main tournée vers le haut, et m'interroge à voix haute : « Son prénom, le lien avec toi, et l'âge lorsqu'il a quitté notre monde ? »

Avant même que je puisse répondre, je ressens une douce brise qui entoure mes pieds, puis mon corps, et se fait ressentir dans la salle. Il y a aussi un parfum de roses qui se propage en même temps que la brise. Ouf ! C'est un moment difficile à décrire… un calme, une grande paix et un bonheur montent dans mon cœur jusque dans ma tête… Je suis là, mais en même temps dans un autre espace.

Je réponds à Michelle : « Martin, mon amoureux, 45 ans. »

Michelle dit que l'amour que Martin éprouve pour moi est tellement fort… Il insiste pour me prouver qu'il est ici et demande la permission de venir près de ma chaise. Michelle vérifie avec les gardiens du seuil qui vont l'assister pour le faire descendre jusqu'à moi. Parce qu'elle nous a expliqué qu'il y aura un fil d'or qui permettra à Martin de descendre, je me sens en sécurité. Elle accomplit sa tâche en silence. Tous observent et demeurent silencieux. La brise est partout autour de nous, ainsi que le doux parfum des roses. Il est difficile de croire que c'est réel…

Nous nous préparons pour accueillir Martin. Je suis nerveuse et curieuse, ne sachant pas vraiment à quoi m'attendre, mais j'ai confiance, et ai besoin de réponses. Malgré la distance physique qui nous sépare, je vais enfin toucher du bout des doigts mon amoureux !

Michelle : « Josée, Martin demande que tu te lèves près de ta chaise. »

Elle se place derrière ma chaise, garde son bras gauche bien haut, avec la paume de la main toujours vers le haut, puis annonce : « Martin arrive. »

Elle baisse son bras gauche. Maintenant, elle place ses deux mains par-dessus les miennes pour me guider vers la prochaine étape, qui sera de toucher mon amoureux... Martin approche lentement. Les mains de Michelle guident les miennes...

Michelle me murmure à l'oreille de garder les paumes ouvertes pour que je puisse ressentir le champ d'énergie de Martin. Son corps est maintenant devant moi, à quelques centimètres de mes mains... C'est vraiment spécial et émouvant. Je ne le vois pas physiquement, mais avec les yeux du cœur.

Michelle : « Martin veut que tu touches sa poitrine. »

C'est mystérieux, parce que je sais que Michelle ignorait que Martin était un peu plus grand que moi, pourtant elle me fait lever les bras exactement à la hauteur de sa poitrine ! De plus, j'ai ressenti que Martin voulait que je touche sa poitrine AVANT que Michelle prononce les mots.

Je ferme les yeux parce que je le vois mieux, mon amoureux. Maintenant que je suis confortable avec sa présence, Michelle enlève ses mains de par-dessus les miennes.

Je sais pourquoi il désire que je touche sa poitrine : pour ressentir sous mes mains son cœur battre. Aussitôt que je touche sa *poitrine invisible*, JE RESSENS SON CŒUR BATTRE SOUS MES DOIGTS ! C'est un moment inexplicable. Un souvenir très spécial vécu ensemble durant les derniers moments avant sa mort remonte dans mon cœur.

Ensuite, mon amoureux veut que je touche sa nouvelle chevelure. Ouf ! C'est vraiment difficile à croire, mais il y a une sensation claire et précise qui se dégage de sous mes doigts à mesure que je les bouge partout sur sa tête. Des petits cheveux parsèment son crâne.

Encore une fois, Michelle ne se trompe pas : elle doit réellement voir la taille de Martin, puisqu'elle doit se mettre sur la pointe des pieds pour être assez grande et guider mes mains exactement à la hauteur de la tête de Martin. Puis elle relâche mes mains et me laisse librement explorer du bout des doigts mon amoureux.

Pour votre information, Martin n'avait plus de cheveux lorsqu'il est parti vers l'autre monde. Il désire que Michelle me transmette un de nos *messages codés* qui fait partie de nos trésors d'amoureux. Elle me répète tout bas ce que Martin lui dit, et ajoute : « En plus, il rit. » Martin dit à Michelle : « Mon oreille est toujours la même. Plus petite que l'autre. »

Eh bien oui ! Martin avait une oreille plus petite que l'autre, et c'était une blague entre lui et moi. Je le taquinais en lui disant qu'il avait intérêt à revenir me parler de son oreille lorsqu'il serait rendu dans sa nouvelle demeure !

Nous avons découvert des informations sur la nouvelle vie de Martin lors de la deuxième rencontre.

***

Après la conférence, nous partageons entre nous le fait de n'avoir jamais vécu quelque chose de semblable. Ce soir-là, j'ai pleuré, ri et ressenti des émotions tellement fortes que je ne les aurais jamais cru possibles. Grâce à la centaine de témoins qui observaient le déroulement de cette merveilleuse rencontre, je sais que c'est vrai. Je suis en gratitude du pur cadeau d'amour que mon amoureux m'a offert par l'intermédiaire de Michelle.

Deuxième lecture d'âme

À la suite de cette belle expérience, je décide d'une deuxième rencontre avec Michelle. Je ne me rappelle pas la date exacte, mais je sais que c'était quelques semaines après la première lecture d'âme. Je prends rendez-vous avec elle en privé pour reparler avec Martin. Puisque je connais déjà les consignes, la préparation est rapide. Comme lors de notre première rencontre, Martin est ponctuel. Michelle m'annonce qu'il a déjà beaucoup évolué depuis son départ. Présentement, il aide l'un de ses cousins qui souffrait d'alcoolisme durant sa vie terrestre. Il dit à Michelle que cela fait environ treize ans que son cousin est décédé. L'aider est l'une des tâches de sa nouvelle vie.

Ne sachant pas qui est ce cousin, j'interroge ses sœurs. À ma grande surprise, elles savent exactement de qui il s'agit.

Ensuite, il partage le message suivant pour notre fils, que je dois lui transmettre : « Tu seras toujours mon champion. »

Cela me touche droit au cœur, car c'est ainsi qu'il nommait notre garçon.

Puis il a un message pour moi, avec les mêmes mots qu'il me disait souvent de son vivant : « Si t'es heureuse, je suis heureux ! » « *Et pour être heureuse, tu devras accepter et faire des changements dans ta vie pour toi et moi.* »

Et là, je pleure. En plus, il veut que je ne m'attache pas à ses choses, telles que ses pantoufles, et que je commence à penser à faire un tri. Tout ce que Michelle me dit de la part de Martin est VRAI ! Je ne veux rien déplacer de ce qui lui appartient. *Oui, ses pantoufles*. J'aime les regarder tous les jours et m'imaginer qu'il est parti temporairement, et qu'il reviendra bientôt !

Le plus difficile à entendre est lorsque Michelle me dit : « Josée, l'énergie baisse, je dois retourner Martin dans son monde. Puis je dois refermer le portail, mais avant, il insiste, il a juste assez de temps pour te faire une derrière demande. Il dit que c'est très important que tu l'écoutes pour son bien-être et le tien. »

La voici : « Arrête de flatter l'urne. Je ne suis pas là. »

C'était encore vrai. Chaque matin, chaque soir et lorsque je m'ennuie trop de lui, j'ai pris l'habitude de caresser affectueusement l'urne qui contient les cendres de mon amoureux. Maintenant, par amour, je dois apprendre à ne plus donner de l'importance à cette urne. Martin m'a convaincu qu'il n'habite pas dans ces cendres. Il m'a démontré qu'il est vivant dans un autre monde et mène une vie active.

Aujourd'hui, je sais qu'il a réussi à traverser le seuil entre les mondes pour venir me donner le plus beau cadeau d'espoir de le retrouver un jour. Il a tenu sa promesse : il m'a prouvé que notre amour est plus fort que la mort.

***

Mardi 26 août 2025 : ce midi, Michelle m'envoie un message par msg, parce que nous n'avions jamais discuter si elle placerait nos vrais prénoms dans l'histoire. Michelle me dit avoir écrit Pierre pour Martin. Il s'est présenté à elle en lui disant : « Bon, Pierre ça va, mais tu devrais en parler avec Josée. » Ce fut un moment très émouvant. J'ai répondu à Michelle : « Tu vas rire, le deuxième prénom de Martin était Pierre. Et c'est le nom de mon chum actuel ! » Alors elle ajoute : « Martin nous fait un beau clin d'œil, il continue de veiller sur toi, et il veut que ta vie soit remplie de rire, de joie et de plaisir », puis me demande : « Que penses-tu si je place vos vrais prénoms et noms ? » Je lui réponds : « Oui ! Ce sera un honneur pour moi. Et je vais attendre le lancement de ton livre avec impatience. Merci beaucoup. »

Épilogue
Notre contribution à tous pour l'Humanité

Tandis que ce livre se termine, voici ma relation avec ces êtres d'un autre monde telle qu'elle se poursuit aujourd'hui :

– Mayo : « mon ami d'une autre époque » n'est plus autant présent que dans ma jeunesse, mais il a contribué à la création de mon école de Reiki, tout comme Mikao Usui (1865-1926), le fondateur du Reiki, qui m'a aidée depuis le lieu où il se trouve ;

– les êtres bleus ne se manifestent que si j'ai un souci de santé ;

– le gardien du portail du temps est toujours présent lors des ateliers chamaniques, tout comme les gardiens du seuil pour les lectures d'âme ;

– quant au grand Pharaon, il se tient continuellement à mes côtés, à environ un mètre de moi. C'est lui qui m'a poussée à écrire ce livre. J'ai même ressenti ne pas avoir le choix, bien que l'écriture ne soit pas mon fort.

Naturellement, je lui ai demandé s'il validait le titre *Nous sommes les protégés du grand Pharaon*. Par la suite, au moment de l'écriture de l'épilogue, je l'ai interrogé afin qu'il nous en explique le sens. Voici sa réponse :

> L'humanité est en train de se transformer au niveau vibratoire. Il y a un urgent besoin de faire se rejoindre le plus grand nombre d'humains pour qu'ils atteignent les sphères supérieures.
>
> Voilà pourquoi j'offre à tous la possibilité de rehausser le taux vibratoire par le son de la fréquence qui habite chacun de nous.

Je lui pose ensuite deux questions. Les voici avec ses réponses :

1) Pourquoi est-il important que l'Humanité atteigne les « sphères supérieures » ?

« Il est important pour l'humanité de rejoindre les sphères supérieures parce que l'évolution spirituelle des humains est interreliée avec les plans de conscience. »

2) Que sont ces « sphères supérieures » ?

« Les sphères supérieures sont des plans de conscience qui activent les chants[35] vibratoires de guérison. Rejoindre les sphères supérieures procurent une stabilité émotionnelle. La fréquence du champ vibratoire s'active à partir de la 5e dimension et apporte la capacité d'aider les autres à élever le taux vibratoire de la planète et de ses habitants. »

Et l'un des moyens « de rehausser le taux vibratoire » est de ne plus avoir peur de la mort, c'est pourquoi le livre se termine par les lectures d'âme. En effet, la craindre crée un bas bruit de fond qui empêche l'Humanité de progresser et de prendre sa pleine dimension, ce que le grand Pharaon appelle « atteindre les sphères supérieures ».

En conséquence, il est merveilleux de savoir que chaque lecteur peut contribuer à ce que l'Humanité « atteigne les sphères supérieures », puisque cela ne tient qu'à nous.

Ensemble, tout est donc possible ! Il suffit de laisser la brise du vent de l'amour inconditionnel ensemencer la Terre de nos graines de guérison, pour que tout se mette à chanter à l'unisson.

Michelle Parent-Gagné

---

35. C'est bien « chant » dont il s'agit à cet endroit et pas « champ », ainsi que le grand Pharaon l'a souligné.

Remerciements

D'abord à ma mère, Bertha Parent, et à mon défunt père, Normand Parent, eux qui furent ces merveilleux humains ayant développé en moi l'amour et la gratitude envers la vie.

Puis, à l'homme de ma vie, Claude Gagné, mon support spirituel, émotionnel, intellectuel et physique, cet homme au grand cœur que mon protecteur, le grand Pharaon, a retrouvé dans ma présente vie.

À ma fille Mélyska Chantal, cette merveilleuse jeune femme m'ayant offert les plus beaux cadeaux de la vie qu'une grand-maman puisse rêver pour embellir sa vieillesse, soit deux adorables petits-enfants.

Je remercie tous les membres de ma famille, ma sœur Gisele Doucet, et mes amis qui furent avec moi durant mes allers-retours entre la normalité et ces mondes étranges.

Merci à Madeleine Cyr, psychométricienne, qui fit la première lecture de mon manuscrit, à ma professeure en chamanisme le Dr. Marilyn Walker, et à Kathleen Gallant, artiste peintre intuitive qui réalisa la peinture sur lin du grand Pharaon Thoutmôsis III de la XVIIIe dynastie et les deux illustrations de ma rencontre avec les êtres bleus.

Merci à deux personnes indispensables à la mise en œuvre de mon livre : Katherine Massicotte, qui m'a conseillée et appris à créer des liens entre les phrases et les paragraphes, *tel que des tresses* pour reprendre ses mots. Puis la voie et le verbe de l'acheminement final de mon manuscrit : Patrick Pasin, éditeur, auteur, producteur et réalisateur de Louise Courteau qui, depuis Paris, gère ce milieu extraordinaire qu'est celui du livre. Il m'a permis de dépasser mes peurs du rejet de ma non-normalité, et d'oser être qui je suis, avec cette mission de vie que j'ai mis longtemps à accepter.

Je remercie aussi ceux de la lignée de ma famille céleste : êtres bleus de la 18e dimension, gardiens du seuil entre les mondes, mon protecteur le grand Pharaon, Mayo, mon frère céleste, et *Sensei* Mikao Usui (1865-1926), qui me guida depuis l'autre monde pour la création de mon école Reiki.

Merci aux témoins qui ont accepté de partager avec vous leurs merveilleuses histoires de retrouvailles avec des membres de leur famille dans l'Au-delà.

Mes remerciements vont également à vous, chers lecteurs, d'être ces compagnons de route sur cette voie énergétique par l'intermédiaire des mots qui énergisent les pages de ce livre nous appartenant, nous les protégés du grand Pharaon !

***

Finalement, un majestueux lever de soleil illumine l'autre côté de la fabuleuse montagne imaginaire de mon enfance. La publication de ce livre offre à mon cœur l'immense joie de partager avec vous la magie de ma vie pour qu'elle devienne vôtre aussi.

***

Table des matières

Avant-propos	4
Prologue	5
Chapitre 1 – Arrivée sur la Terre	9
Chapitre 2 – Enfance fleurie et multicolore	13
Chapitre 3 – Être l'ange gardien de l'autre	21
Chapitre 4 – Famille céleste de la 18ᵉ dimension	27
Chapitre 5 – Voix de secours	41
Chapitre 6 – Mon ami d'une autre époque	49
Chapitre 7 – Seule tu combattras	53
Chapitre 8 – N'oublie jamais tes racines	57
Chapitre 9 – Mystique musique et protection du grand guerrier	63
Chapitre 10 – Deux mois à vivre	69
Chapitre 11 – Cadeaux du Ciel	81
Chapitre 12 – Trahison	85
Chapitre 13 – L'amour au-delà des vies	89
Chapitre 14 – Surprise de pharaon	97
Chapitre 15 – Le grand Pharaon comme guide	101
Chapitre 16 – Guérison émotionnelle, physique, mentale et spirituelle	117
Chapitre 17 – Lecture d'âme pour guérison	133
Épilogue – Notre contribution à tous pour l'Humanité	167

www.ingramcontent.com/pod-product-compliance
Lightning Source LLC
Chambersburg PA
CBHW030324080526
44584CB00012B/705